走近孙中山丛书

走近孙中山丛书

孙中山人生箴言

张金超 著

SPM 南方出版传媒
广东人民出版社
·广州·

图书在版编目（CIP）数据

孙中山人生箴言 / 张金超编著. —广州：广东人民出版社，2011.9（2019.5 重印）
（走近孙中山丛书）
中共广东省委宣传部、广东省新闻出版局纪念辛亥革命100周年重点选题
ISBN 978-7-218-07324-8

Ⅰ. ①孙…　Ⅱ. ①张…　Ⅲ. ①孙中山（1866～1925）—人生哲学—箴言—汇编　Ⅳ. ①K827=6 ②B821

中国版本图书馆 CIP 数据核字（2011）第 195903 号

Sunzhongshan de renshengzhenyan
孙中山的人生箴言
张金超　编著

出 版 人：肖风华

出版策划：钟永宁
责任编辑：卢雪华　曾玉寒
封面设计：新角度
责任技编：周　杰　吴彦斌

出版发行：广东人民出版社
地　　址：广州市海珠区新港西路 204 号 2 号楼（邮政编码：510300）
电　　话：（020）85716809（总编室）
传　　真：（020）85716872
网　　址：http://www.gdpph.com
印　　刷：天津画中画印刷有限公司
开　　本：787mm×1092mm　1/16
印　　张：9　**插　页**：2　**字　数**：140 千
版　　次：2011 年 9 月第 1 版　2019 年 5 月第 5 次印刷
定　　价：22.00 元

如发现印装质量问题，影响阅读，请与出版社（020－85716849）**联系调换。**
售书热线：（020）85716826

《走近孙中山丛书》编委会

目 录

Contents

人生奋斗篇

前　言

人生格（箴）言是可以作为人们行为规范的言简意赅的语句，是人们机智的精华，睿智的集成，是指导人生走向成功之路的法宝。它时刻激励人们取得进步。

孙中山是近代中国民主革命的先行者，被誉为中国20世纪三伟人之一，他的丰功伟绩和高贵品质永远值得后人景仰。孙中山在世时，在不同时期、不同场合曾讲过许多脍炙人口的人生格言，它们振聋发聩，切中肯綮，鼓舞斗志，催人奋进。我们耳熟能详的就有："世界潮流，浩浩荡荡。顺之则昌，逆之则亡"、"革命尚未成功，同志仍须努力"、"有志之士，当立心做大事，不可立心做大官"、"有道德始有国家，有道德始成世界"、"疾风然后知劲草，盘根错节然后辨利器"等等。人生格言的提出，既有深刻的时代背景，又多有普遍的现实意义，它是孙中山留给后人的珍贵财富，是我们人生成长有益的精神食粮，也是建设社会主义事业的力量源泉。

关于孙中山语录的编辑，前期成果不少。代表性的有：一苇编《国父语录》（桂林，自学出版社1943年）、刘真主编《中山先生嘉言录》（台北，台湾书店2002年）、秦孝仪编《国父思想学说精义

录》（台北，中央文物供应社 1976 年）、胡波主编《孙中山言粹》（北京，中国大百科全书出版社 2000 年）等。但以上各书常带有时代烙印，编排有不尽合理之处，多是分类堆砌，未见详细解释。

2010 年 10 月，在广东省中山市召开的“孙中山·辛亥革命研究回顾与前瞻”高峰论坛上，不少对孙中山研究有素的专家不约而同地指出，孙中山研究经过近半个多世纪的发展，取得了可喜成绩，未来在深化和细化研究的同时，应加强宣传和普及工作，使孙中山研究从象牙塔走向民间，走向普罗大众。本书可视为在上述思想的感召下所作的一次有益尝试。

成如容易却艰辛。全书在充分吸收前人研究成果的基础之上，初选有代表性的格言 100 条，囿于篇幅所限，又从中精选出 65 条。孙中山的格言种类繁多，涉及方方面面，本书主要侧重于选取孙中山对社会、国家的观察和励志类的警句。编排时详细标明出处和著述时间，简单解释格言的内容、介绍格言的背景资料及流布过程，配以若干图片，努力做到科学性、趣味性与学术性相统一。诚然，作者做了应有的努力，但限于水平，不足之处在所难免，敬请方家批评指正。

社会情怀篇

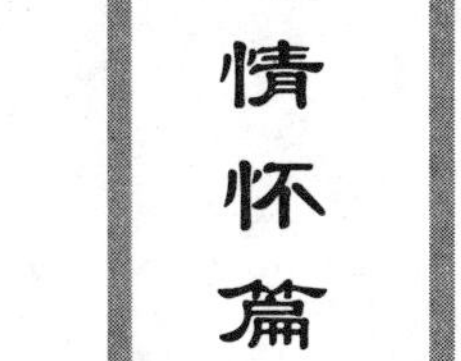

世界潮流，浩浩荡荡。顺之则昌，逆之则亡。

《题词》（1916 年 9 月），刘望龄辑注《孙中山题词遗墨汇编》第 217 页。

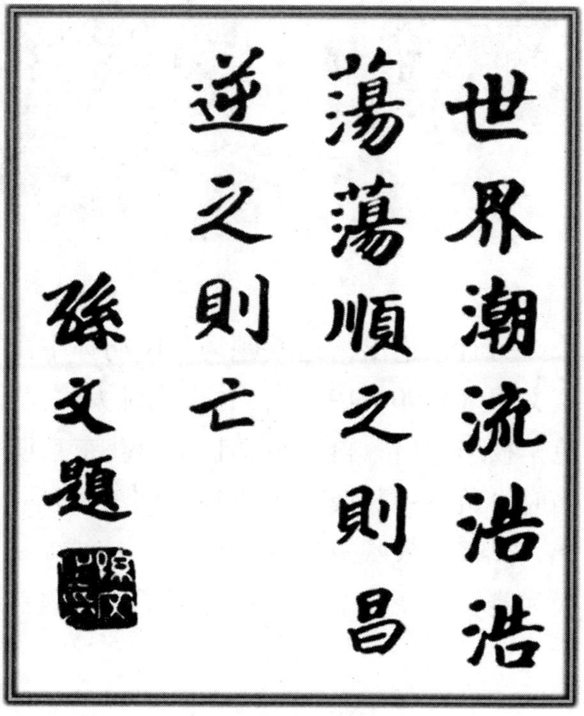

孙中山题词

这句名言生动形象地概括了社会发展的规律，及顺应形势、紧跟时代潮流的必然性。这是一句被后人广泛引用的名言。

关于这一题词的来源，有多种说法，但主要有两种。

主流的看法认为，题词与孙中山 1916 年海宁观潮有关。当年 9 月 15 日（农历八月十八日），孙中山偕同夫人宋庆龄，及张人杰、朱执信等人专程从上海到浙江海宁盐官观潮。面对奔腾而来的钱塘潮，孙中山深有感触地留下了“世界潮流，浩浩荡荡。顺之则昌、逆之则亡”的名句。孙中山在观潮后，又在多种场合下讲到“革命者必须应乎世界潮流，合乎人群之需要”这样类似的话语。

孙中山海宁观潮合影留念

另有人指出，这幅题词是民初孙中山写给同盟会会员黄文中的。黄文中（1890—1946），甘肃临洮人。民国初年，由甘肃省立第一师范学校毕业后，自费留学日本，获东京明治大学政治经济学士学位。当时，黄文中翻译了植原悦二郎教授所撰写的《日本民权发展史》，倡言民权，鼓吹三民主义，书稿完成后，呈给孙中山审阅，孙中山极为赞赏，便在书的扉页写下了上面这首题词。

夫时势者，人事之变迁也；自然者，天理之一定也。

《平实开口便错》（1908 年 10 月 9 日），《孙中山全集》第 1 卷第 386 页。

这句话的意思是说，人世间的事情，由人事的变迁造成时势，而自然世界是由自然法则决定了的。

孙中山在新加坡与同盟会会员合影

1908 年，以孙中山为首的革命派和以康有为为首的立宪派在全世界范围内，围绕着民族主义、民权主义、民生主义三大中心议题展开大论战。它是中国近代自戊戌变法之后又一次思想解放运动。新加坡是主要论战场地之一。

该年秋，新加坡革命派的《中兴日报》与立宪派的《南洋总汇新报》之间的交锋日趋激烈，孙中山亲自参与。同盟会重要成员黄兴、胡汉民、田桐、陶成章、汪精卫等先后抵达新加坡，撰文参加论战。

10 月 9 日（农历九月十五日），孙中山以“南洋小学生”为笔名，在《中兴日报》上发表《平实开口便错》一文，批判《南洋总汇新报》记者平实在《论革命不可强为主张》中以天命反对革命的谬论。孙中山强调：“夫时势者，人事之变迁也；自然者，天理之一定也。”指出，人事补天工，人事夺天工，人事与天工、时势与自然是不能混为一谈的。他以商汤推翻夏桀、周武王推翻商纣以及美国独立战争为例，证明这是人事的变迁造成，而不是什么天数。只要有主张革命的同志出来唤起同胞，使他们速醒，就能造成革命的时势。

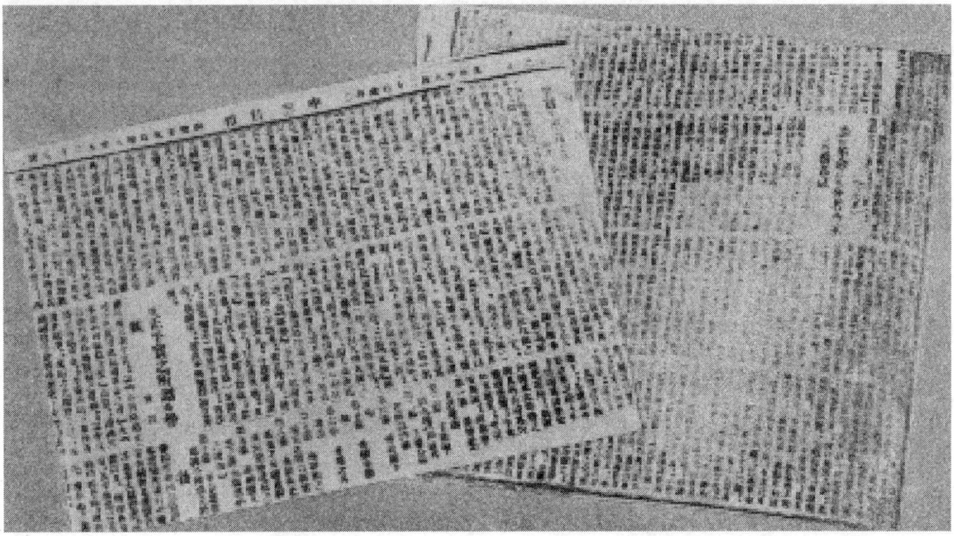

刊载有孙中山著作的新加坡《中兴日报》

天下为公。

《〈社会观〉序》(1920年3月1日),《孙中山全集》第5卷第225页。

"天下为公"、"世界大同"是儒家文化的精髓。《礼运·大同篇》这样描绘了一幅美好的大同世界的蓝图:"大道之行也,天下为公。选贤与能,讲信修睦,故人不独亲其亲,不独子其子,使老有所终,壮有所用,幼有所长,矜寡孤独废疾者,皆有所养。"

孙中山题词

孙中山特别喜欢这篇文字,他常常在著述或演说中提及,又反复将这篇文字的首句或全文与"天下为公"、"世界大同"、"博爱"、"世界大同"、"共进大同"等题赠友人。他认为"天下为公”、“博爱”、“世界大同”是“人类宝筏，政治极则”，是人们无穷的希望和伟大的思想。据刘望龄先生编著的《孙中山题词遗墨汇编》一书统计，相关题词达 140 件之多。这说明了孙中山深受中国儒家思想的影响，继承了儒家文化的优良传统，体现了他所执著追求的崇高理想，抒发了他的思想情怀。

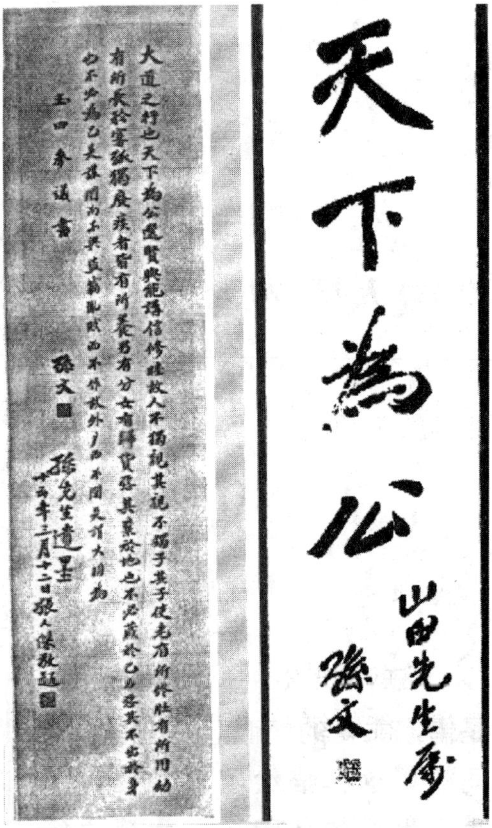

孙中山题词

《社会观》系广东东莞人陈安仁于 1922 年出版的著作，陈氏时任岭南大学教授。《社会观》写成后，陈安仁请孙中山作序。孙中山认为该书中“论新旧社会财富观念”一节，跟他的平均地权主张不谋而合，并寄望陈氏“研究日深，异日必能于私有制经营发展之社会形态以外，更有所进，则于‘天下为公’之义，几乎至矣’”。

统一是中国全体国民的希望。能够统一，全国人民便享福；不能统一，便要受害。

《在神户与日本新闻记者的谈话》（1924 年 11 月 24 日），《孙中山全集》第 11 卷第 373 页。

这句话的意思浅显易懂。孙中山认为，统一是全体中国人民的愿望，能够统一，人民便可以享受幸福，否则便要受其祸害。

1924 年 11 月，孙中山应段祺瑞的邀请自广州北上，谋求国家统一。期间绕道日本，在神户接受日本记者的访谈，论及国家统一问题，他讲到上述一番话。

中国不应当分裂，而应当统一，这是孙中山的一贯主张，孙中山一生中多次论述到中国要统一的问题。他认为，中国之所以必须统一，而不能分裂的原因有三：一是中国在历史上向来都是统一的，不是分裂的，“中国是一个统一的国家，这一点已牢牢地印在我国的历史意识之中，才使我们能作为一个国家而被保存下来，尽管它遇到了许多破坏的力量”。二是统一是全体国民的希望。实现国家统一，“这就是全国人民现在要做的大事”。三是只有国家的统一和民族的团结，才能使中国变成很强盛的文明国家，实现中华民族的伟大振兴。四分五裂，只能使中国积贫积弱，永远处在落后的任人宰割的境地。

孙中山于1924年11月24日抵达日本时与友人合影

1949年，国民党败退大陆后，两岸人民长期处于分裂状态，而和平统一则是两岸人民的共同主张，“和则两利，分则两害”，已成为炎黄子孙的共识。孙中山的这句名言常常为我们党和国家领导人引用，如江泽民同志1996年在纪念孙中山诞辰130周年纪念大会上，就说道：“统一是中国全体国民的希望。能够统一，全国人民便享福；不能统一，便要受害。孙中山先生这种伟大的爱国主义精神和思想，对正在为建设社会主义现代化国家而奋斗的中国人民，对一切有志于实现祖国富强、完成祖国统一的海内外同胞，仍然有着巨大的启迪、教育和鼓舞作用。”

要把历史上的政治、社会、经济各种中心都归之于民生问题，以民生为社会历史的中心。

《三民主义·民生主义·第一讲》（1924年8月3日），《孙中山全集》第9卷第376~377页。

这句话是孙中山民生史观的集中体现，它强调民生是社会发展的中心问题。

民生史观是孙中山哲学思想的重要组成部分，是孙中山关于社会发展的总体看法。孙中山从革命民主主义的立场出发，接受美国社会学者威廉关于人类解决生存问题是社会进化的定律的思想，并加以改造和创获而成。

民生史观认为民生就是人民的生活，社会的生存，国民的生计，群众的生命，是社会进化的重心。民生问题是社会进化的原动力，而社会进化又是历史的重心。人类历史是不断进化的，民权革命是历史进化势所必至的世界潮流，社会历史的发展，绝非一两个因利乘便的人的智力所能够转移的。所有这些，都是民生史观中包含的积极合理的因素。

但是，民生史观把人类求生存的本性和欲望作为社会发展的动力，对民生作了抽象的脱离具体社会内容的超阶级超历史的理解，甚至说“夫心也者，万事之本源也”，因而又陷入历史唯心主义。

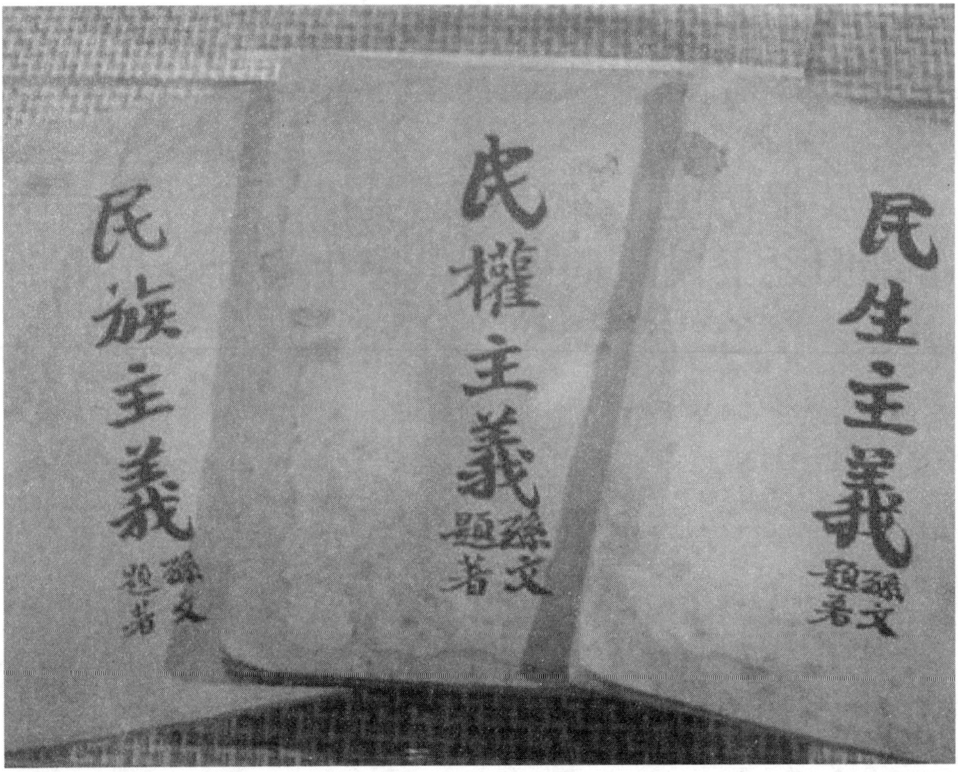

孙中山晚年出版的《民族主义》、《民权主义》、《民生主义》单行本封面

民生史观还十分强调互助，认为互助是人类不同于其他物种的人性；社会国家是互助之体，道德仁义是互助之用。它用抽象的超阶级的互助论，反对马克思主义的阶级斗争学说，认为阶级斗争不是社会进化的原因，而是社会在进化的时候，所发生的一种病症，断言：中国只有大贫和小贫的分别，而没有阶级的对立；认为学习马克思的意图则可以，而采用马克思的方法却不行，中国的落后状况，可以预防资本主义、避免阶级斗争和社会革命。民生史观中的这些内容反映出资产阶级革命家的软弱性和不切实际的幻想。

物质文明与心性文明相待，而后能进步。中国近代物质文明不进步，因之心性文明之进步亦为之稽迟。

《建国方略》（1917—1919年），《孙中山全集》第6卷第180页。

这是孙中山关于物质文明与精神文明（心性文明）辩证关系的论述。它的大意是说，物质文明与心性文明只有互相作用，然后社会才能进步。中国近代物质文明发展缓慢，所以心性文明的发展也不快。

《建国方略》所含的三项内容：《孙文学说》、《实业计划》、《民权初步》

孙中山把农业、工业与各种实业称为物质文明。他指出机器与钱币用在物质文明方面，使人类安适繁华。他提倡实业救国之道，认为发展实业，建设物质文明是中国存亡的关键。

在《建国方略·孙文学说》中，孙中山把心性文明、物质文明、政治建设作为三位一体的立国之本，“夫国者，人之积也。人者，心之器也，国家政治者，一人群心理之现象也。是以建国之基，当发端于心理”。它揭示了心性文明的重要性。

孙中山还比较全面地阐述了“物质文明与心性文明相待”的命题。指出：心性文明与物质文明是并重的关系，两者相互联系又相互对立、相互作用，一方面，物质文明是心性文明的基础，另一方面，心性文明对促进物质文明与社会进步起着重要作用。

聪明才力大者，当尽其能力服千万人之务；聪明才力略小者，当尽其能力服十百人之务。

《为谭葵开父子题词》（1911 年夏），刘望龄编注《孙中山题词遗墨汇编》第 161 页。

这句话的意思是说，聪明才力大的人，应该尽其可能为更多的人服务，而聪明才力小的人，可尽其所能为少数人服务。

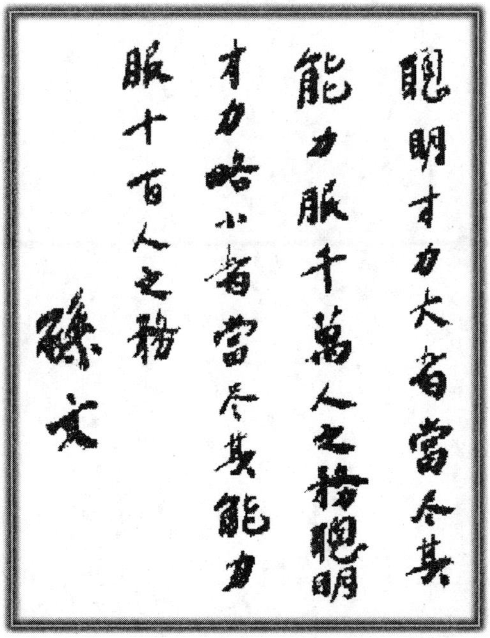

孙中山题词

这是孙中山于 1911 年夏给谭葵开、谭侠父子的题词。谭氏父子系美国旧金山华侨，因捐款资助革命，孙中山特别题词褒奖。该题词由谭氏后人捐赠给了广东省江门开平华侨博物馆。

孙中山的这一观点一直坚持到晚年，形成了“替众人服务”的新服务观。他于 1924 年的《民权主义》的第三讲中，主张有聪明才力的人，应替众人服务，“聪明才力愈大者，当尽其能力而服千万人之务，造千万人之福。聪明才力略小者，当尽其能力以服十百人之务，造十百人之福。”

由此延伸，孙中山还强调，一切官吏，上至总统，下到巡差，都是人民的公仆，做官绝对不是为了发财营私，作威作福，而是要为众人服务。他认为，为众人服务是新时代崇高的新道德，是世界道德的新潮流。他说，古时极有聪明能干的人，多是用他的聪明能力，去欺负无聪明能力的人，所以由此便造成专制和各种不平等的阶级。现在文明进化的人类觉悟起来，发生一种新道德，这种新道德，就是有聪明能力的人，应该要替众人来服务。这种替众人来服务的新道德，就是世界道德的新潮流。

古人说“知易行难”，我的学说是“知难行易”。

《在广州对国民党员的演说》（1923 年 12 月 30 日），《孙中山全集》第 8 卷第 577 页。

“知难行易”的意思是懂得事情的道理难，而实行起来却比较容易。它是孙中山关于认识论的重要学说，孙中山于 1918 年在《建国方略·孙文学说》中首先提出。

孙中山题词

我国古代有“知之非艰，行之惟艰”的说法，语出《尚书·说命中》。意思是说，懂得道理并不难，实际做起来就难了。孙中山从民主革命的实践中，深感这种传统旧说不但不能激励人们的进取精神，反而助长了一种畏难苟安的心理，不懂得道理诚然不想实行，而懂得道理又不敢实行，那么天下就没有可以做的事了。这正是中国近代之所以积弱衰败，革命事业不能取得成功的一个重要原因。

为了破除这种旧的传统观念，鼓舞人们无所畏而乐于行的勇气，孙中山提出相反的命题，即“行之非艰，而知之惟艰”，并以饮食、用钱、作文、建屋、造船、筑城、开河、电学、化学、进化等十件事作为论证，说明人们在求得某种科学知识以前，早就在那里实行了。他还以美国革命和日本维新为例，进一步指出，如果有了“真知”的指导，那么实行起来就不会有困难了。只要人们能毅然打破“知之非艰，行之惟艰”的迷信，努力以赴，夺取革命胜利就易如反掌。

孙中山题词

针对“知易行难”说，孙中山又提出“行其所不知以致其所知”、“必待行之成之而后乃能知之”的论断，这种“行先知后、由行致知”的思想，是“知难行易”说中的唯物主义内容，在肯定行先知后的同时，还极其重视科学知识和革命理论对于行的指导意义。

但同时我们应看到，“知难行易”学说也有缺点和局限性。孙中山虽然重视“行”的意义，认为先行而后知，但又提出“知者不必自行，行者不必自知”的知行分任说，割裂了知和行的统一，为少数“先知先觉者”统治广大劳动群众提供了理论根据。孙中山所说的“行”，主要指“习练”、“试验”、“探索”、“冒险”等活动，是对实践活动的狭隘、抽象、直观的理解，如果离开人的社会性，就不能正确说明人的认识对于社会实践的依赖关系。

天下事业的进步都是靠实行。

《三民主义·民权主义·第五讲》（1924年4月20日），《孙中山全集》第5卷第125页。

在《民权主义》第五讲中，孙中山认为人视天赋才力，可分为“先知先觉”、“后知后觉”、“不知不觉”三种。第一种人是发明家，第二种人是宣传家，第三种人是实行家。然后着重指出，天下事业的进步都是靠实行，所以世界上进步的责任，都在第三种人的身上。这反映了孙中山一贯注重“行”的思想。孙中山认为人类的进步，都是发轫于不知而能行者，这是自然界的道理。因此，希望有志于国家富强的人，应该黾勉力行。

1924年孙中山在广州国立高等师范学校演讲三民主义时留影

余之谋中国革命，其所持主义，有因袭吾国固有之思想者，有规抚欧洲之学说事迹者，有吾所独见而创获者。

《中国革命史》（1923 年 1 月 29 日），《孙中山全集》第 7 卷第 60 页。

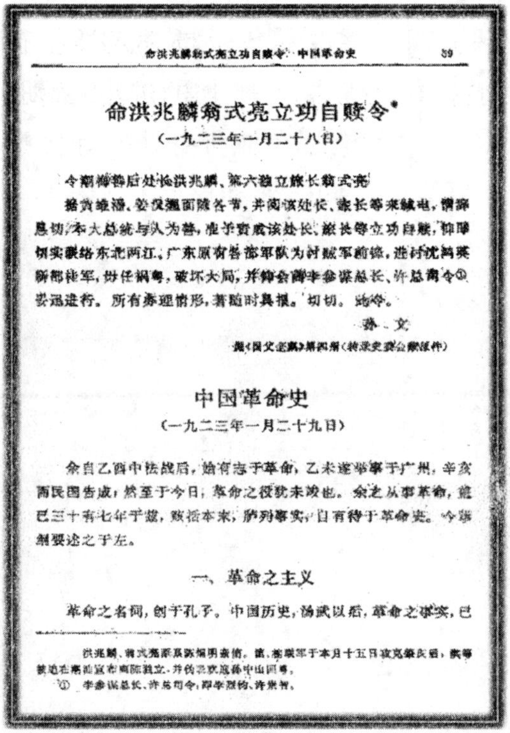

命洪兆麟翁式亮立功自赎令 中国革命史 59

命洪兆麟翁式亮立功自赎令*

（一九二三年一月二十八日）

令潮梅善后处长洪兆麟、第六独立旅长翁式亮

据黄缘裕、姿保骧面陈各节，并阅该处长、旅长等来缄电，情辞恳切，本大总统与人为善，准予责成该处长、旅长等立功自赎，仰即切实联络东北两江、广东原有各部军队为讨贼军前锋，进讨沈鸿英所部桂军，毋任祸粤，破坏大局，并仰会商李参谋总长、许总司令①妥迅进行。所有办理情形，着随时具报。切切。此令。

孙文

据《国父全集》第四册（转录史委会藏原件）

中国革命史

（一九二三年一月二十九日）

余自乙酉中法战后，始有志于革命，乙未遂举事于广州，辛亥而民国告成，然至于今日，革命之役犹未竣也。余之从事革命，盖已三十有七年于兹，赅括本末，胪列事实，自有待于革命史。今兹撮要述之于左。

一、革命之主义

革命之名词，创于孔子。中国历史，汤武以后，革命之事实，已

* 洪兆麟、翁式亮原系陈炯明部将。滇、桂联军于本月十五日攻克肇庆后，洪等被迫在潮汕宣布两部独立，并伪装欢迎孙中山回粤。

① 李参谋总长、许总司令：即李烈钧、许崇智。

收入中华书局版《孙中山全集》的《中国革命史》

孙中山是20世纪杰出的革命家和思想家。对他的思想理论来源，众说纷纭。孙中山于1923年1月29日撰写的《中国革命史》中，对此做了很好的概括。在他看来，他的主义来源，有的是因袭中国固有传统文化，有的是借鉴欧洲学说，有的是他独自创立的。该书系孙中山应上海《申报》馆之约而作，刊载于《申报五十周年纪念专刊》，原题为《中国之革命》。

孙中山认为，“革命”这个名词，创于孔子。由中国的历史看来，汤武革命之后，革

命的事实，已屡见不鲜。在欧洲，十七八世纪以后，革命风潮遂磅礴于世界，因此，他说，“余之谋中国革命，其所持主义，有因袭吾国固有之思想者，有规抚欧洲之学说事迹者，有吾所独见而创获者。”

就思想资源的凭借而言，孙中山充分吸收了到那时为止的西方人类的思想遗产，他不仅仔细研究过西方古典政治、经济学说，而且研究过当时许多思想家尚不太予以重视的马克思主义学说，对西方的思想文化传统有着足够的理解和分析。

就思想体系的内在结构看，不论孙中山是出于何种动机，也不论他受到西方思想文化的影响有多深，作为20世纪中国的领路人和先行者，他的思想不能不深刻地打上中国思想传统的烙印，他无法脱离中国的思想背景而建构其思想体系。

综上所论，可以看出，孙中山思想的真正来源包括中国传统思想、西方人类思想遗产在内的全部文明成果的精华，是对人类已有精神成果的吸收、改造与重铸。孙中山对待古今中外思想文化所取的“因袭”、“规抚”、“创获”的态度，无论是在他所身处的近代中国，还是在改革开放的当今社会，都值得人们学习和提倡。

军队的灵魂是主义。有主义的军队，是人民和国家的保障。

《在广州陆军学堂的演说》(1921年4月4日),《孙中山全集》第5卷第486页。

这句话强调主义对军队的重要性，军队有了主义信仰，才能保国为民。孙中山在创建革命军队的过程中，对军队的思想建设上的要求，不同于旧式军队，要求军队服务于主义而不是服从于某个人，把三民主义作为军队的灵魂。

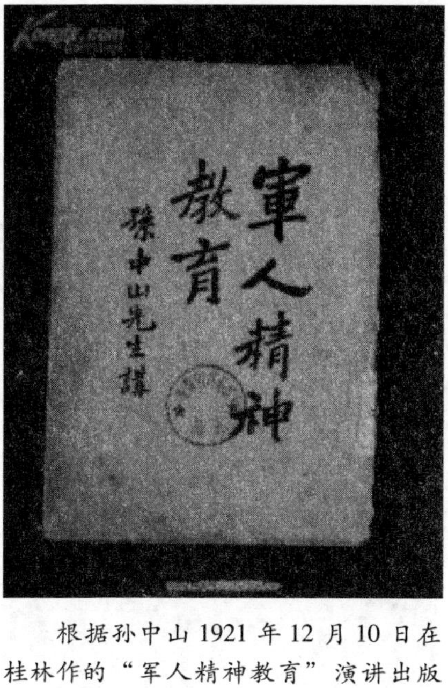

根据孙中山1921年12月10日在桂林作的“军人精神教育”演讲出版的书籍

孙中山是于1921年4月4日在广州陆军学堂的演讲中明确地说出这些话的，他指出“军队的灵魂是主义”，认为有主义的军队，是人民和国家的保障。例如法国军队，他们将平等、自由、博爱作主义，三色的国旗，便是表示出三种主义来的。法国有了这种军队所以能革命成功。

孙中山晚年又多次演讲到相关主题，强调军队应该为主义去奋斗。以主义武装军队，必然产生一系列的革命精神和道德要求。1922 年 8 月 12 日孙中山与人谈话，指出，革命有革命的主义，有革命的道德，有革命的精神。法国革命之主义在自由，美国革命之主义在独立，而中国的革命，在于三民主义，“故革命之精神与道德，亦皆由三民主义出”。

孙中山又多次演讲到军人的精神教育，提倡军人要有为革命牺牲的精神，军人是为主义而死，不是为金钱而死，“其生也为革命而生，其死也为革命而死。”他还提出，革命军人要确立为三民主义去奋斗、替众人服务的新道德，这两个方面是一致的。他强调：“这种新道德，就是有聪明能力的人，应该替众人来服务。这种替众人来服务的新道德，就是世界道德的新潮流。”孙中山把智、仁、勇作为军人精神的基本要素。

宗教和科学比较起来，科学自然较优。

《在广州全国青年联合会的演说》（1923年10月21日），《孙中山全集》第8卷第317页。

孙中山一生与宗教有着不解之缘，有着较浓的宗教情结。晚年，他将宗教与科学作了比较，认为两者相比，科学比宗教好。

始建于清康熙年间的翠亨村村庙北极殿旧貌

孙中山青少年时就有无神论思想，否定神佛有灵。1883 年，孙中山在和陆皓东游家乡北帝庙时曾折断佛手并刮花另一神像的脸孔，扬言道：“敬这些泥公仔有什么用呢？它们连自己都不能保护，如何能保护我们呢？”“你们看，我折断它的手，它还对着我笑，这样的神灵能保佑我们吗？”村里的人被这亵渎神灵的大不敬行为震怒了，为了平息事端，孙中山的父亲答应赔银十两，修复神像，并令孙中山离开家乡，到香港去读书。

十二岁时，孙中山在美国夏威夷读书曾接触西方基督教传教士，后来又在教会学校读书，对基督教产生兴趣，在香港拔萃书室入洗基督教。从事革命事业成立兴中会后，利用宗教进行革命。民国成立后，主张政教分立、宗教自由，注意宗教在道德建设方面的功效。

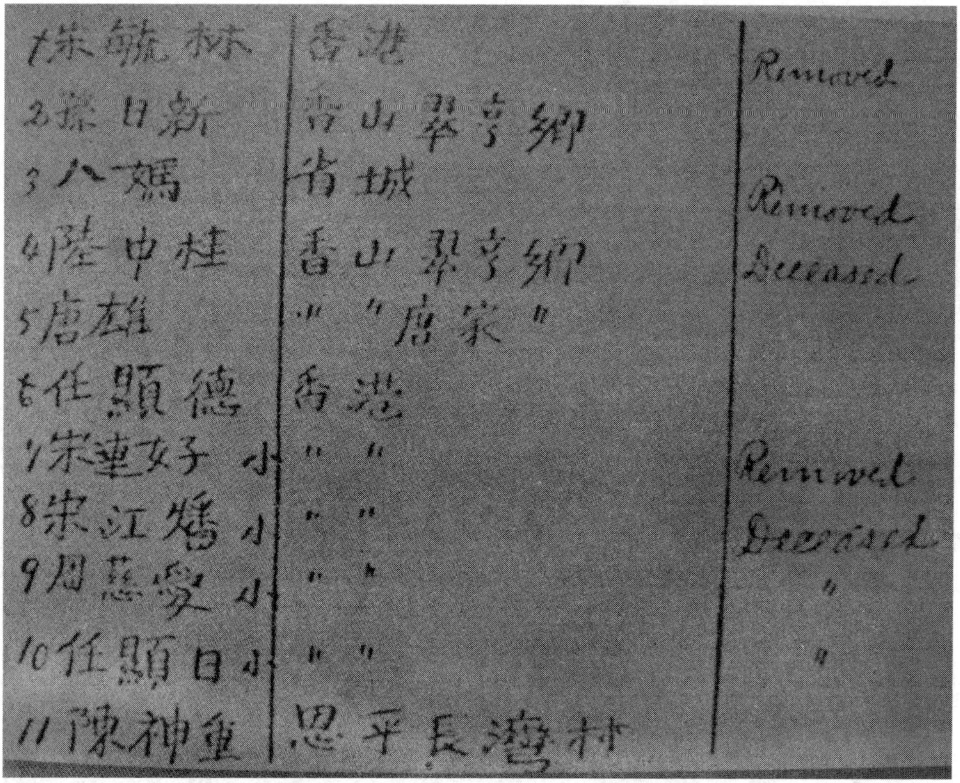

1宋毓林	香港	Removed
2孫日新	香山翠亨鄉	
3八嫣	省城	Removed
4陸中桂	香山翠亨鄉	Deceased
5唐雄	" " 唐家 "	
6任顯德	香港	
7宋連好 小	" "	Removed
8宋江嬌 小	" "	Deceased
9周慈愛 小	" "	"
10任顯日 小	" "	"
11陳神垂	恩平長灣村	

1883 年底孙中山在香港以“孙日新”为名，接受基督教洗礼，图为受洗名单

到了晚年，孙中山对宗教进行了批判。他就自己对基督教的态度转变作了回顾，他说道，他对耶稣教的信心，随着研究科学而越来越弱，“予在香港医学校时，颇感耶稣教之不合伦理，固不安于心，遂至翻阅哲学书籍。当时予之所信，大倾于进化论”。他指出，宗教的感觉，专是服从古人的经传。古人所说的话，不管他是对是不对，总是服从，所以说是迷信，“就宗教和科学比较起来，科学自然较优”。又曾就西方对中国的宗教侵略抨击，指出他们用政治力和经济力来掠夺中国人的物质还不算，又用宗教来耗夺中国人的精神。一班神甫牧师倚仗着他们的国力，包庇教民，干预词讼，欺压其教以外的人，无所不做，受其虐待的人忍心刺骨。

革命尚未成功，同志仍须努力。

《为国民党党员恳亲大会题词》（1923 年 10 月中旬），刘望龄辑注《孙中山题词遗墨汇编》第 290 页。

这是孙中山对国民党员和全国人民的谆谆告诫，希望大家要再接再厉，为夺取革命的最终胜利继续奋斗，充分体现了孙中山对辛亥革命后中国国情的认识。它是被后人广泛征引的孙中山名言之一。

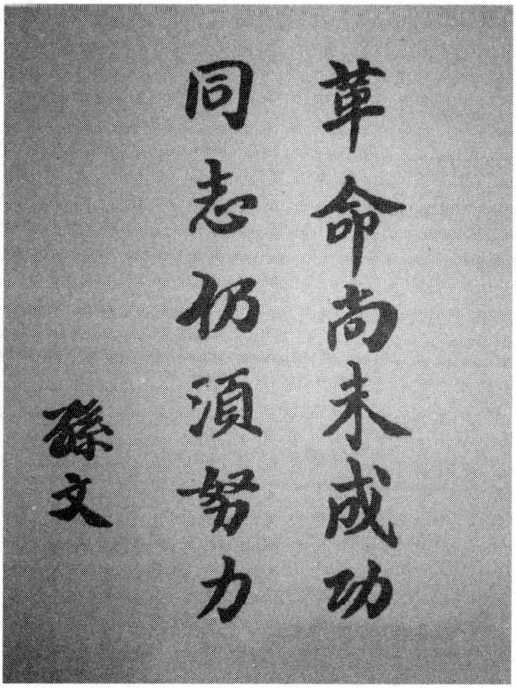

孙中山题词

“革命尚未成功，同志仍须努力”题词，留有多种版本，而最早见诸记载的，是孙中山 1923 年 10 月 10 日至 16 日为国民党广东支部发起在广州召开国民党党员恳亲大会所写的，录入《中国国民党党员大会纪事录》，随后在《国民党周刊》创刊号上刊出。

1925年3月12日，孙中山因病在北京与世长辞，举国上下，一片悲痛。孙中山为救国救民、追求共和而奋斗终生，在革命征程中，愈挫愈奋，矢志不渝。在革命的紧要关头，病魔袭身，使他不能继续为革命事业贡献力量，但他依旧牵挂着多灾多难的国家，他在遗嘱中说："余致力国民革命，凡四十年，其目的在救中国之自由平等。""现在革命尚未成功，凡我同志，务须依照余所著《建国方略》、《建国大纲》、《三民主义》及《第一次全国代表大会宣言》，继续努力，以求贯彻。"孙中山逝世后，"革命尚未成功，同志仍须努力"作为挽联曾悬挂于北京铁狮子胡同行辕孙中山的灵堂前，而这幅题词也成为继承孙中山未竟革命事业的誓言。

悬挂有"革命尚未成功，同志仍须努力"挽联的孙中山灵堂（位于北京铁狮子胡同行辕）

治国经邦，人才为急。

《上李鸿章书》(1894 年 6 月)，《孙中山全集》第 1 卷第 16 页。

这句话是孙中山重视人才思想的集中体现，它的意思是说治理国家，应以人才为首要、急切的问题。

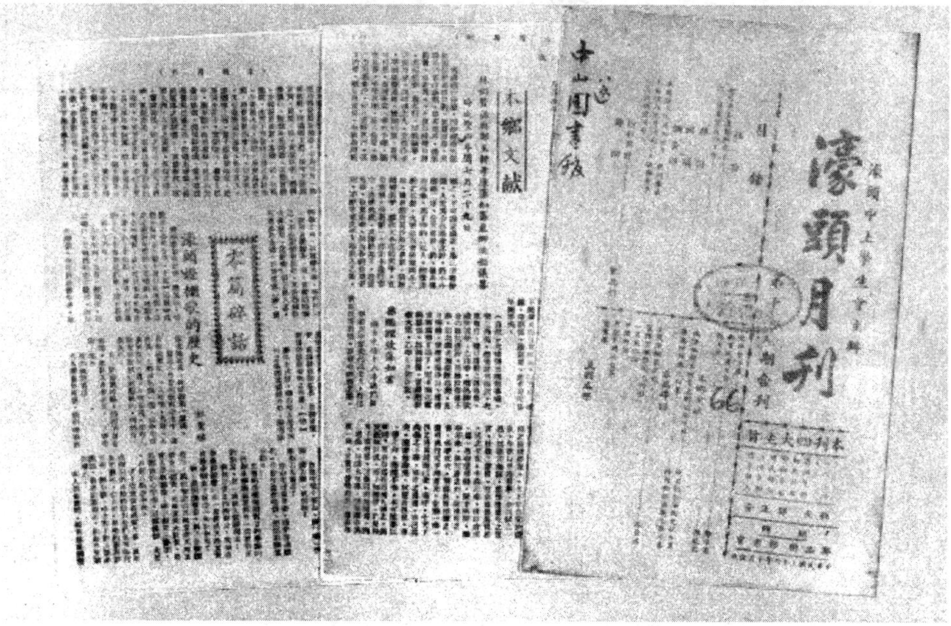

载有孙中山《致郑藻如书》的《濠头月刊》

孙中山青年时代就以天下为己任，把振兴中华的希望寄托在培育英才上面。

1890 年，孙中山致书香山籍退休官员郑藻如，首先谈到人才的问题。他讲到，自中国历朝历代的经验看来，人才的盛衰，社会风俗的淳朴与奢靡，实际上跟教化有很大关系。教化做得好，则人才济济，风俗纯正，国家也就强盛。

四年后，孙中山上书直隶总督兼北洋通商事务大臣李鸿章，又专门论述人才问题，其中讲到“治国经邦，人才为急”，人能尽其才，则百事可举，百事可举，则国家自然富强。

在革命形势的不断发展中，孙中山考虑到推翻专制的清王朝，建立共和政体之后，如何选拔治国之才，是个关键的问题。在他的民权思想中，除了吸取欧美国家立法、司法、行政三权宪法之外，还根据我国的实际情况，补充了监察和考试两权。他认为，考试权是选拔人才的很好方法，中国历代的考试制度不但合乎平民政治，甚至比现代的民主政治还好。中国自唐、宋以来，实行科举考试，考试内容无论是诗赋、策论，还是八股文，总是人才辈出。尽管所考科目不合时用，但考试制度则很好，平民一经考中，则可彻底翻身；而世家贵族如果没有考中，那也没有办法。

疾风然后知劲草，盘根错节然后辨利器。

《致海外同志书》(1922年9月18日)，《孙中山全集》第6卷第555页。

这句话的大意是说，只有在大风中才知道野草的坚韧，在砍伐盘根错节的树木时才能辨别所用器具的锋锐。它是1922年陈炯明发动叛变后，孙中山有感而发的。

永丰舰

1922年6月16日，陈部叛军四千余人围攻广州观音山（今越秀山）南麓的总统府。孙中山从小道出走，避登停泊于白鹅潭的楚豫舰。随后，宋庆龄亦脱险。17日，孙中山转登上永丰舰（后命名为“中山舰”）指挥反击，坚持了50多天，因失利转赴上海。

9月18日，即在陈炯明发动叛变后三个月，孙中山发表《致海外同志书》，详述陈氏叛变经过，沉痛指出：“文率同志为民国而奋斗，垂三十年，……顾失败之残酷，未有甚于此役者。”自认为任用非人，以致变生肘腋，最后讲到，“疾风然后知劲草，盘根错节然后辨利器，凡我同志，此时尤当艰（坚）贞蒙难，最后之胜利，终归于最后之努力者”，表达了继续斗争的决心。

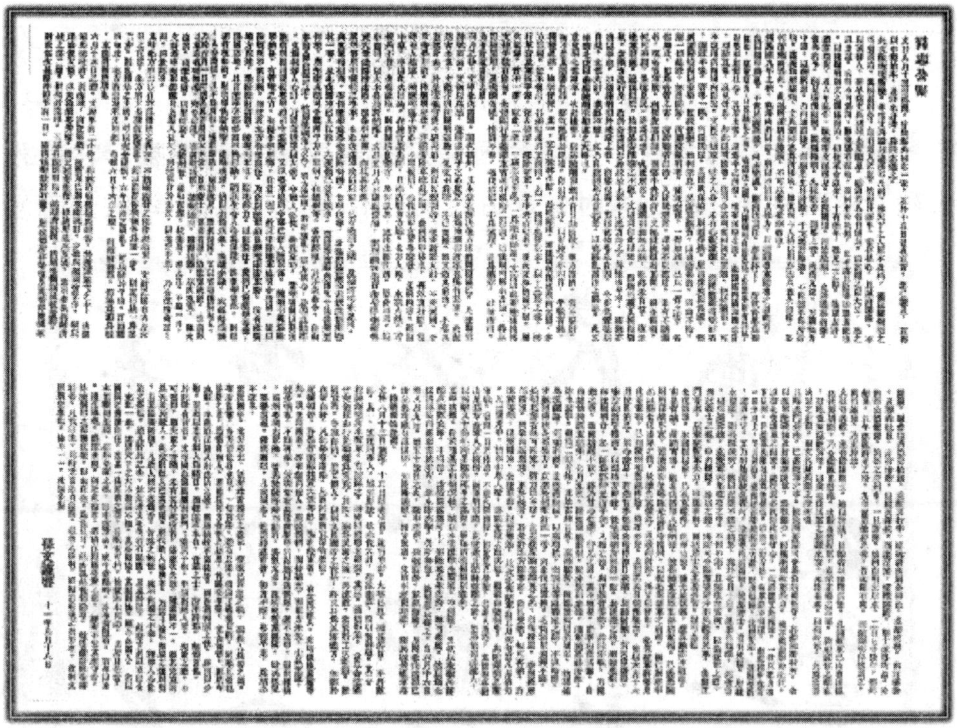

孙中山致海外同志书

民国者，民之国也。为民而设，由民而设，由民而治者也。

《为居正题词》（1919 年），《孙中山全集》第 5 卷第 200 页。

这句话的意思是说，中华民国是人民当家做主的国家，它是为人民、由人民建立的，同时也是由人民来治理的。

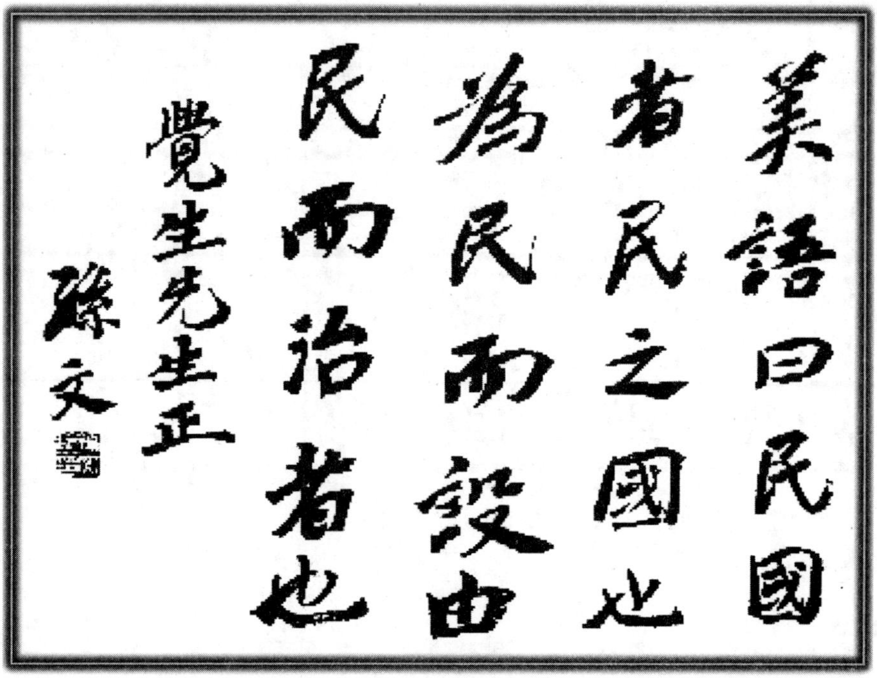

孙中山题词

此为1919年孙中山给居正的题词。居正，字觉生，湖北广济人，追随孙中山从事革命活动。1919年，孙中山改组中华革命党为中国国民党，居正任中国国民党总务部主任。

居正

林肯

这段话取意于美国第十六任总统林肯的名言：Government of the people，by the people，and for the people。这是林肯于1863年11月19日在著名的葛底斯堡演说中提出的。孙中山在后来的演说中，又常常把林肯的这一名言翻译为“民有、民治、民享”。

国家之基础，是建筑在人民身上。

《为浙江省议会题词》(1916 年 8 月 18 日)，刘望龄辑注《孙中山题词遗墨汇编》第 211 页。

该题词言简意赅，集中体现了孙中山的民权思想，它强调了国家与人民的关系。

孙中山应浙江总督吕公望的邀请，于 1916 年 8 月 16 日至 19 日到杭州访问，胡汉民、邓家彦、冯自由、但焘、戴季陶、朱卓文、周佩箴等随同前往。18 日，浙江省议会举行欢迎会，孙中山到会发表“地方自治乃建设国家之基础”的演讲，称“浙江最有希望”，“必能使浙江成为全国之楷模”。演讲完毕并题词相赠。

孙中山题词

为四万万人民谋幸福就是博爱。

《三民主义·民族主义·第二讲》（1924 年 3 月 16 日），《孙中山全集》第 9 卷第 283 页。

博爱是孙中山思想的基本出发点。博爱就是为广大人民谋幸福，这句话深刻地体现了孙中山的博爱思想。孙中山认为自由、平等、博爱是人道主义的真髓，是人类的福音，而人道主义与三民主义两者，主义虽然各自分立，但是它们的效力是相通的，要同时提倡。“博爱”也成为孙中山常写的题词之一。

孙中山的题词

孙中山的博爱思想是从近代西方资产阶级民主派，尤其是 18 世纪法国资产阶级民主革命派接嫁过来，通过对中国传统思想的重新解释而形成的。孙中山指出，我国古代，像尧舜之博施济众，孔子尚仁，墨翟兼爱，跟近代所说的博爱相似，但它们都是狭义的博爱，其爱不能普及于每个人。

在孙中山看来，真正的博爱是广义的，为公爱而非私爱，能博爱，即可谓之仁。革命者的“仁”就在于实行三民主义，救国救民，“为四万万人去效忠”。孙中山所理解的“仁”或“博爱”，就是突破以亲疏远近厚薄夏夷之别的等差序列为原则的情感认同方式，而对所有的人类对象施以相同的情感认同，所谓“普遍普及，地尽五洲，时历万世，蒸蒸芸芸，莫不披其泽惠”。

孙中山的博爱思想得到了后人的承传。如为纪念孙中山，中国 1927 年设置的博爱县至今仍用其名。再如广东省中山市每年举行博爱“慈善万人行”，已经坚持了二十多年，每逢“慈善万人行”，中山总是万人空巷，上百万人汇集到活动现场，播种博爱，收获幸福。筹集资金方面，已由最初的 7 万元增至近 7 千万元。

广东省中山市每年都会举行“慈善万人行”公益活动

政府之官吏，乃人民之公仆。

《对粤报记者的演说》(1912 年 4 月 27 日)，《孙中山全集》第 2 卷第 349 页。

孙中山 1912 年 4 月 25 日抵达广州时与广东同盟模范军欢迎会代表合影

这句话的意思是说，在政府任职的官员，都是广大人民的公仆。1912 年 4 月 27 日，孙中山在广东对报界记者会发表演说，赞扬报纸在革命和建设时期的作用，其中讲到“政府之官吏，乃人民之公仆”这句名言。

这里还有一个有趣的故事，广为流传，是对孙中山这句名言的很好印证。

1912 年孙中山任临时大总统后，有位八十多岁的萧姓老人专程从江苏扬州来南京，想一睹大总统的仪容风采。门卫问他有何公事，他说只想看看民主气象。门卫又问他有何意见书提交，他说也没有，门卫当然不让他进入。孙中山得知后，便派人请他进来。萧老一见孙中山，情不自禁地跪了下去，毕恭毕敬地行起拜见皇帝的三拜九叩的大礼来。孙中山连忙扶他起来，请其坐下，亲切地说："总统在职一天，就是国民的公仆，是为全国国民服务的。"萧老问："总统若是离职后呢?"孙中山回答说："总统离职以后，又回到人民的队伍里去，和老百姓一样。"萧老满意地告辞，孙中山送他到门外，还派人雇车送他至旅馆，萧老高兴地说："今天我总算见到民主了。"这个故事生动地彰显了孙中山的公仆作风。

1921 年 10 月，孙中山到广西南宁视察，时任广西省（今广西壮族自治区）省长的马君武召集工农商学各界人士大会欢迎孙中山。孙中山发表演讲，再次表达了他的公仆观，他讲到，你们是主人，省长是仆人。仆人一定要做到使主人满意，才是一个好省长、一个好仆人。群众听了，都异常兴奋，不断高呼"大总统万岁"。

夫事功在百世，而权位不过一时。

《致段祺瑞函》(1916 年 6 月 23 日)，《孙中山全集》第 3 卷第 312 页。

这句话的大意是：对于一个人来说，事业和功劳才是千秋万代的事，而权利与地位不过是一时的东西，很容易失去。规劝人们要有大的抱负，不要斤斤计较于权位一时的得失。

1916 年 6 月 20 日，军阀段芝贵、江朝宗在北京组织“军人同德会”，叫嚷要选举段祺瑞为正式大总统。22 日，段祺瑞托辞政府不宜以命令“变更法律”，通电各省，拒绝恢复临时约法。

段祺瑞

23 日，国务院秘书长徐树铮与吴光新等，召开拥段会议，并要求张勋、倪嗣冲、冯国璋、李纯、王占元、张作霖等予以支持。在此情况下，孙中山于该日致电段祺瑞，望其能恢复约法、恢复国会，谆谆告之：“夫事功在百世，而权位不过一时”，并希望段祺瑞能审时度势，不要为莠言所迷惑，重新使天下陷于纠纷。

宪法者，国家之构成法，亦即人民权利之保障书也。

《〈中华民国宪法史前编〉序》(1920 年 8 月)，《孙中山全集》第 5 卷第 319 页。

《中华民国宪法史前编》封面

这句话的大意是说，宪法是国家的根本大法，保障人民的权利是其最基本、最核心的内涵。

1920 年 8 月，国会宪法起草委员会理事兼书记长吴宗慈编《中华民国宪法史前编》成书，请求孙中山作序。孙中山在序言开头即讲到“宪法者，国家之构成法，亦即人民权利之保障书也”。序言强调宪法的重要性，断言，只要大家为护法而努力奋斗，则中华民国宪法，肯定有正式宣告于海内外的一天。

《中华民国宪法史》取材于 1913 年天坛宪法及五年以后的

宪法会议，以时代关系为主，以事实关系为辅，分为卷首、前编、后编及附编四部分。卷首为宪法正文及中华民国宪法案会议经过对照表和民国议宪人名表。前编先列作者本人、汤化龙、王家襄、王正廷等人所撰八篇序言，后接八章五十二节，内容始于民国创造之临时政府组织大纲，迄于1920年护法中受挫。作者以亲历者的身份详细记录宪法的制定过程和各派议员的意见，为研究中华民国制宪史提供了生动翔实的资料。

国无法则不立。

《在广东中国同志竞业社欢迎会的演说》（1912 年 5 月 6 日），《孙中山全集》第 2 卷第 359 页。

这句话的意思是说，法律是国家赖以生存的基础，没有法律，国家便不能存立。它是孙中山关于国家实行法制的重要理论。

法是由国家制定或认可，体现统治阶级意志，以国家强制力保证实施的行为规则的总和。法制是一定阶级民主政治的制度化、法律化，并严格依照法律进行国家管理的一种原则，由立法机关制定较完备的法律，做到有法可依，依法办事，目的是保障实现统治阶级的意志。

《中华民国临时约法》封面

孙中山十分重视法制建设工作，在南京临时政府期间制定、颁布《中华民国临时约法》和几十项法令，他强调依法办事和自觉遵纪守法的重要性。1912 年 5 月 6 日，孙中山在广东中国同志竞业社举行的欢迎会上发表演说，指出："人贵自重，须知国无法则不立，如其犯法，则政府不得不以法惩治之。"言下之意，即如果国民犯法，政府必须依法惩治，如果官吏违法，国民不仅有权罢免，同样必须依照法律面前人人平等的原则实行惩处。

乱莫甚于坏法，奸莫大于卖国。

《南北和谈通电》(1920 年 7 月下旬)，《孙中山全集》第 5 卷第 293 页。

这句话的大意是说，没有什么比破坏宪法更糟糕的了，没有什么比出卖国家更邪恶的了。这是孙中山有感于时局纷乱而发出的肺腑之言。

1917 年，北洋军阀段祺瑞等人废弃国会和临时约法，驱走总统黎元洪。孙中山等人南下广州召开国会非常会议，揭起护法旗帜，并成立护法军政府，形成南北对峙的局面。

唐绍仪

1918 年 5 月桂系军阀排挤孙中山控制了广州军政府。第一次世界大战结束后，北京政府总统徐世昌主张南北休战，举行议和。经过协商，双方同意停战并进行谈判。1919 年 2 月徐世昌派朱启钤，广州军政府派唐绍仪在上海举行和谈。当时皖系军阀首领段祺瑞虽不再担任国务总理，仍任“参战督办”，统率参战军，继续支用日本提供的“参战借款”，唆使亲信进攻陕西护法军等，引起南方代表的多次交涉和质问，和会因而中断。4 月上旬双方改为秘密谈判，表面上就恢复国会等问题进行讨论，实际上为划分地盘、争夺权力而争吵，五四运动发生后，南北和谈破裂。

1920 年 7 月下旬，孙中山发出关于南北和谈的通电，痛斥北方军阀毁法、卖国的行为，称“乱莫甚于坏法，奸莫大于卖国”。最后强调，今后的国事仍然应该由和平会议来从根本上解决，期望务必改正一切破坏临时约法、出卖国家的事情。

自治者民国之础也，础坚而国固，国固则子子孙孙同享福利。

《在沪举办茶话会上的演说》（1916 年 7 月 17 日），《孙中山全集》第 3 卷第 330 页。

这句话的意思是说，地方自治是中华民国建设的基础，基础坚实则国家统治就坚固，国家统治坚固，则广大人民就可以共同享受幸福。

《建设》杂志创刊号封面

地方自治是孙中山民主宪政思想中的重要组成部分，也是他晚年的重要政治主张。

早在同盟会时期，孙中山就有实行地方自治的想法。1905 年《同盟会宣言》中，孙中山就讲到在“约法之治”的阶段到来之后，“军政府以地方自治权，归其地之人民，地方议会议员及地方行政长官，皆由人民选举”。

民初袁世凯背叛了民主共和制度之后，孙中山对地方自治重要性有了充分认识，他讲到，“欲民国之巩固，必先建其基础”。孙中山在以后费了很大精力去认真研究欧美和日本的地方自治制度，认识到法国和美国治理能够日臻完善，注意地方自治是其根本原因。中国必须从实际情况出发，创立一套民主的地方政治制度。因此，在后半生中，孙中山把创立和实现地方自治制度，作为努力追求的目标。

1920 年，孙中山写成《地方自治实行法》一文，近四千字，发表于《建设》杂志第二卷第二期，系统地阐述实行地方自治的范围、顺序和方法，对地方自治开始实行有关事项，有详细说明，规定“清户口”、“立机关”、“定地价”、“修道路”、“垦荒地”、“设学校”为地方自治开始试办的六件事。

1923 年在制定《中国国民党党纲》时，孙中山又把实行县自治写入，作为党的奋斗目标。在 1924 年 1 月发表的《中国国民党第一次全国代表大会宣言》和同年 4 月发布的《建国大纲》中，又明确宣布实行地方自治的方针。如在中国国民党第一次全国代表大会宣言中说：“本党确定县为自治单位，自治之县，其人民有直接选举及罢免官吏之权，有直接创制及复决法律之权。”

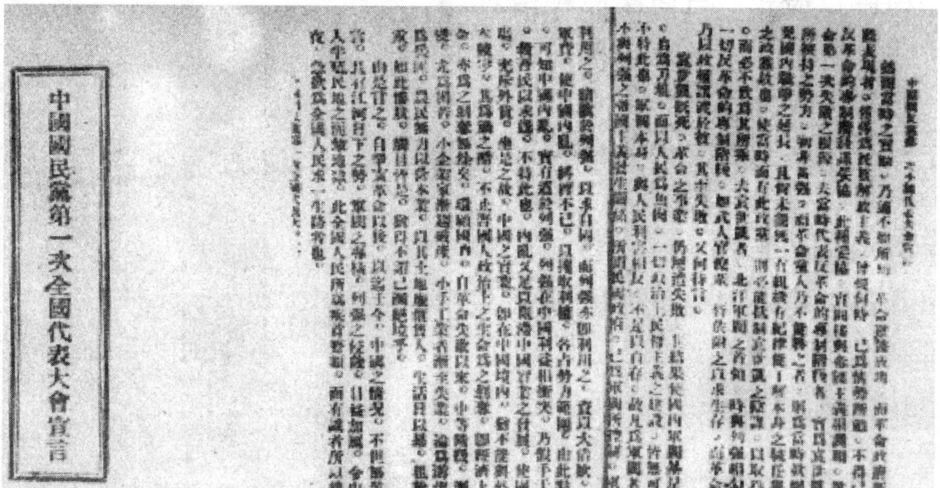
中國國民黨第一次全國代表大會宣言

中国国民党“一大”宣言

直接民权才是真正的民权。直接民权凡四种：一选举权，一罢官权，一创制权，一复决权。

《在广东省教育会的演说》(1921 年 4 月 4 日)，《孙中山全集》第 5 卷第 497 页。

这句话的本意是说，直接民权才是真正意义上的民权，它实际上就是全体公民直接行使选举权、罢免权、创制权、复决权的一种民权形式，与间接民权相对称。

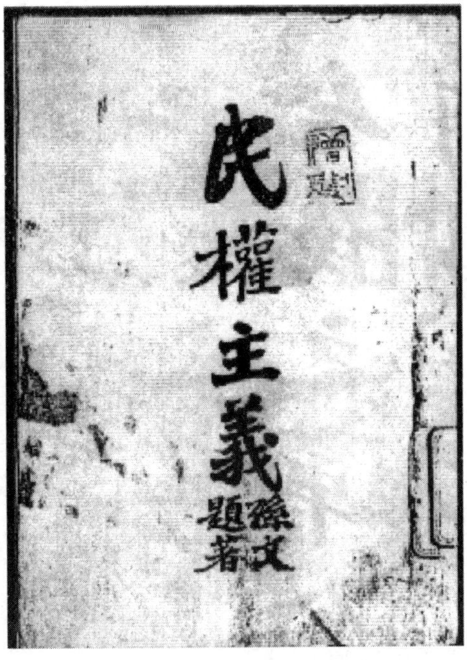

孙中山为 1924 年 8 月出版的《民权主义》封面题签

孙中山认为中国不应以该效法欧美十八九世纪的成法实行间接民权、建立代议政体，而应该采取瑞士的直接民权。1921 年 3 月 6 日，孙中山在中国国民党本部特设驻粤办事处的演说中强调，直接民权，首先是选举权。同时，必须有罢官权，“选之在民，罢之亦在民”。立法机关公布一法律，人民觉得它不是十分方便，也可以起来废掉它，这种废法权，称复决权，“言人民可再以公意决定之”。另外，人民还应该有创制权，“即人民可以公意创制一种法律”。这才是真正的民权主义。

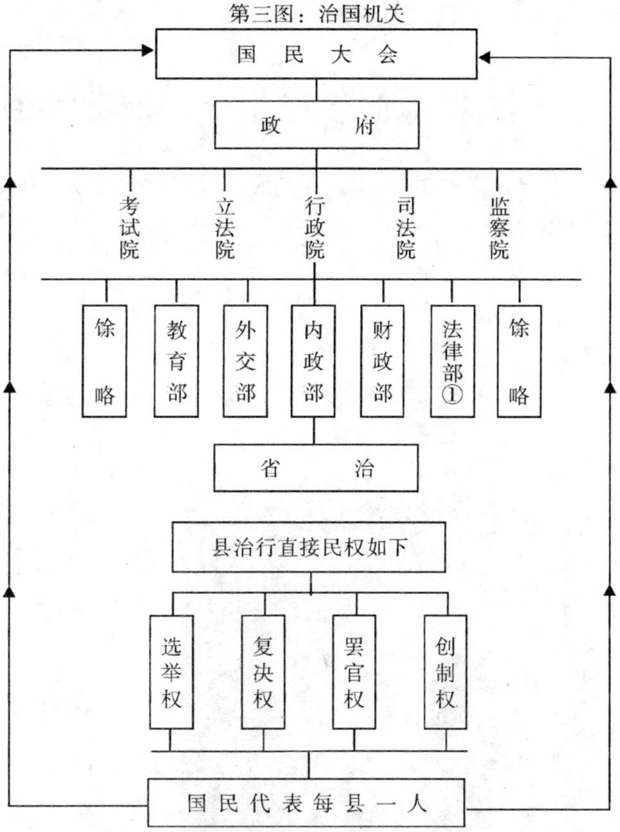

孙中山绘制的“治国机关图”

1921 年 3 月 20 日，孙中山在广东省教育会向广州市中等以上学校教职员工和学生千余人发表演说，阐释五权宪法的意义与内容。孙中山批评美国宪法的流弊，认为政治里面有自由和秩序两个潮流，数千年的政治变更都是两个潮流冲动的结果。两种潮流必须保持平衡，“自由太过，则成为无政府；秩序太过，则成为专制”。中国历史是从自由而入于专制，西方国家的历史是从专制而入于自由，欧洲人不自由，故争自由；中国人尚不缺自由，故不知自由。五权宪法就是调和自由和秩序两种潮流，亦是打破治者与被治者的阶级，实行民治的根本方法。又以图表表示“五权宪法，分立法、司法、行政、弹劾、考试五权，各个独立”，以及根据五权宪法建立的治国机关。孙中山着重提到直接民权的问题，“直接民权才是真正的民权。直接民权凡四种：一选举权，一罢官权，一创制权，一复决权。五权宪法如一部大机器，直接民权又是机器的制扣。”

团结就是力量，分裂导致灭亡。

《与何葆仁朱承洵的谈话》（1919年6月10日），《孙中山集外集补编》第234页。

1919年的孙中山

这句话的大意是说，大家团结起来就容易产生力量，相反，如果四分五裂，就会导致灭亡。

1919年五四运动进行得如火如荼之际，孙中山于6月2日在上海莫利爱路寓所接见上海学生联合会会长何葆仁、总干事朱承洵，认真、详细地询问了学生运动的情况与有关问题，赞扬学生反帝爱国团结斗争的精神，表示对五四运动的同情和支持。6月10日，北京政府罢免了曹汝霖、章宗祥、陆宗舆三个卖国贼的职务。消息传来，何葆仁、朱承洵又一次前往莫利爱路孙中山寓所。孙中山见到十分高兴，用英语说了两句话："团结就是力量，分裂导致灭亡。"

夫欲求外交之胜利，必先谋内政之修明。

《致王文华电》(1918 年 2 月 11 日)，《孙中山全集》第 4 卷第 337 页。

1917 年 9 月，孙中山在广州就任大元帅职，期间，与爱妻宋庆龄合影

这句话充分地说明了外交与内政的关系。大意是说，一个国家在外欲取得外交上的胜利，则必先谋求内政上的修明。

1917 年广州护法军政府成立后，内部处于四分五裂的状态，很多人不愿就职，军政府更是很难得到国际社会的认可。孙中山于 1918 年 2 月 11 日致电靖国军黔军总司令王文华，谈及外交与内政的关系讲到上述一番话，感慨地说到：“今内部既分裂如是，何能得国际间之承认？”希望王氏联合黔、滇、川各省军民长官及诸将士，一致主张，表示拥戴军政府，承认大元帅，那么一切困难，均可迎刃而解。

实业之发展，不仅为政治进步之所必需，实亦为人道之根本。

《在东京实业家联合欢迎会的演说·附：同题异文》（1913年2月21日），《孙中山全集》第3卷第19页。

这句话的意思是说，发展实业不仅仅是一个国家政治进步所需要的，实际上也是我们实行人道主义的根本。

孙中山于民初辞去临时大总统职后，致力于实业建设，计划要在十年内建设铁路二十万里。他先后到各地视察，并于1913年初赴日本访问。

1913年2月21日晚，日本实业家联合于东京保险协会会馆招待孙中山一行。由日本三井特产公司董事长涩泽荣一主持，出席者有东京的第一流银行及大公司计四十四单位的重要人士百余人。涩泽荣一致欢迎词，表示愿将明治维新以来所积累的发展实业的经验传授给中国，以开发中国之富源。孙中山致答谢词，称“实业之发展，不仅为政治进步之所必需，实亦为人道之根本”。然后讲到，中国特产丰富，人民众多，其实业不发达的原因，实际上是由于政治的障害。中国向来所受的政治障害有二：一为国内的，一为国际的。国内的政治弊害，为法律不良，保护不周。至于国际的政治障害，为中国向来与个人所订条约不良，丧失主权。他着重指出：“苟能除去

孙中山 1913 年 2 月 16 日在日本东京与友人合影

前所云二层障害，然后欧美、日本人乃能自由输入其新方法于中国，合力图大陆上实业之发达，中国乃能实行开放门户主义。”而中日两国同种同文，关系极深，深望此后两国人民互相帮助，尤其希望日本实业界献出其数十年来积累的经验智识，以帮助中国。

人能尽其才，地能尽其利，物能尽其用，货能畅其流——此四事者，富强之大经，治国之大本也。

《上李鸿章书》(1894年6月)，《孙中山全集》第1卷第8页。

这句话的意思是说，每个人都能发挥出他的潜力，土地等自然环境能充分发挥作用，万物能发挥出它的功能，商品和货物能最大限度地流通，上述四端，是国家富强的关键、治理国家的根本。

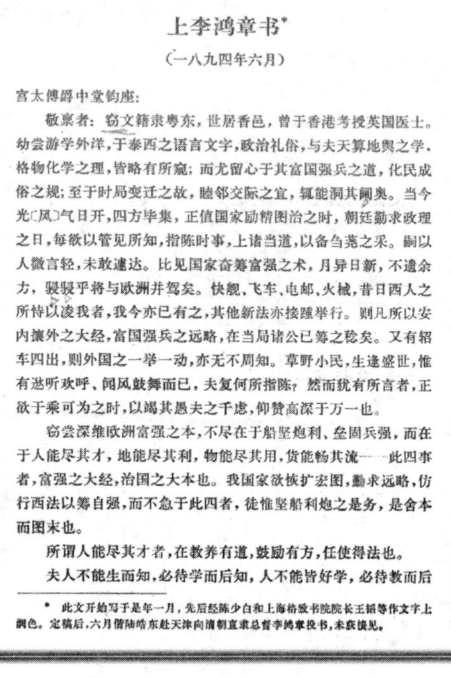

8　孙中山全集　第一卷

上李鸿章书*

(一八九四年六月)

宫太傅爵中堂钧座：

敬禀者：窃文籍隶粤东，世居香邑，曾于香港考授英国医士。幼尝游学外洋，于泰西之语言文字，政治礼俗，与夫天算地舆之学，格物化学之理，皆略有所窥；而尤留心于其富国强兵之道，化民成俗之规；至于时局变迁之故，睦邻交际之宜，辄能洞其阃奥。当今光〔风〕气日开，四方毕集，正值国家励精图治之时，朝廷勤求政理之日，每欲以管见所知，指陈时事，上诸当道，以备刍荛之采。嗣以人微言轻，未敢遽达。比见国家奋筹富强之术，月异日新，不遗余力，骎骎乎将与欧洲并驾矣。快舰、飞车、电邮、火械，昔日西人之所恃以凌我者，我今亦已有之，其他新法亦接踵举行。则凡所以安内攘外之大经，富国强兵之远略，在当局诸公已筹之稔矣。又有轺车四出，则外国之一举一动，亦无不周知。草野小民，生逢盛世，惟有逖听欢呼，闻风鼓舞而已，夫复何所指陈？然而犹有所言者，正欲于乘可为之时，以竭其愚夫之千虑，仰赞高深于万一也。

窃尝深维欧洲富强之本，不尽在于船坚炮利、垒固兵强，而在于人能尽其才，地能尽其利，物能尽其用，货能畅其流——此四事者，富强之大经，治国之大本也。我国家欲恢扩宏图，勤求远略，仿行西法以筹自强，而不急于此四者，徒惟坚船利炮之是务，是舍本而图末也。

所谓人能尽其才者，在教养有道，鼓励有方，任使得法也。

夫人不能生而知，必待学而后知，人不能皆好学，必待教而后

* 此文开始写于是年一月，先后经陈少白和上海格致书院院长王韬等作文字上润色。定稿后，六月偕陆皓东赴天津向清朝直隶总督李鸿章投书，未获接见。

收录于中华书局版《孙中山全集》中的《上李鸿章书》

孙中山于1894年1月在翠亨村家中着手撰写《上李鸿章书》，经过十多天时间写成，近万言，先后经陈少白和王韬等作文字上的润色。后于该年9月、10月连载于上海的《万国公报》(月刊)。书中提出“人能尽其才，地能尽其利，

物能尽其用，货能畅其流——此四事者，富强之大经，治国之大本也”的观点，主张效法西方，发展农工商业和教育事业，使国家富强起来。定稿后，孙中山放弃医生职业，实现从“医人”到“医国”的转变，于6月偕陆皓东赴天津向清廷直隶总督、北洋大臣李鸿章投书，未获接见。

李鸿章

上书失败后，孙中山遂赴美国檀香山，创立兴中会，提出“驱逐鞑虏，恢复中国，创立合众政府”的主张，率先喊出“振兴中华”的口号。孙中山从此走上革命的道路。

欲上纾国计，必先下裕民生。

《致孙洪伊函》(1916 年 9 月 8 日)，《孙中山全集》第 3 卷 第 359 页。

这句话的意思是说，国家要富强，应当先谋人类的生存，欲谋人类的生存，应当研究社会经济，发展生产，解决人民的生计问题。

孙洪伊

1916 年，孙洪伊与人组织“韬园系”，旋在国民党人张继的斡旋下，与林森、居正、田桐等成立的丙辰俱乐部，以及张继、王正廷的“客庐系”联合成立宪政商榷会，主张以临时约法为制宪基础，与拥护段祺瑞的研究系相对抗。

孙中山于当年 9 月 8 日致电孙洪伊，谈及南方政情，强调“欲上纾国计，必先下裕民生”。实际上，孙中山在 9 月上旬致段祺瑞的函中已经讲到“欲上充国库，必先下裕民生”这样类似的话。

治本于农。

《为李禄超题词》（1920 年），刘望龄编著《孙中山题词遗墨汇编》第 252 页。

意即农业问题是治理国家的根本。

翠亨村边一块土名“龙田”的水稻田今貌，孙中山幼时曾于此劳作

孙中山出身于一个贫苦的农民家庭。幼年时代，全家 7 口人，

靠租种两亩半族田过活。由于生活困苦，他6岁开始下田干活。早年的生活经历，使他切身体会到农民的悲惨境遇，这对他后来形成的改善农民生活、改良农业的思想，有着直接影响。

在香港求学期间，孙中山对改良中国农业问题产生兴趣。在1889年写成的《致郑藻如书》中，提出“兴农会以倡革农桑业”等主张。1891年前后，撰写《农功》一文，主张学习西方的先进科学技术以改良中国的农业生产，介绍当时新发明的“电热温室栽培技术”：“迩有用电之法，无论菜木果蔬，入以电气，萌芽即速，长成亦易。则早寒之地，严霜不虑其摧残；温和之乡，一岁何止三熟。”

约1893年，陆浩东、尢烈等人在广东顺德县北水乡开设兴利蚕子公司，孙中山曾多次偕陈少白等前来，并题有“兴利自我，归利于农”的对联。

1894年，孙中山于《上李鸿章书》进一步强调优先发展农业，指出“农政之兴尤为今日之急务也”。要发展农业生产，首先要兴办农政学堂，培养农业专门人才。然后设立农业博览会，宣传推广先进农业技术。

在孙中山随后提出的民生主义思想中，土地问题被摆到显要的位置。他说：“民生主义，讲到归宿，不得不解决‘土地’和‘资本’两个问题。”平均地权和节制资本，构成了孙中山早期民生主义的核心。

1918年，孙中山在上海完成《实业计划》，这是他关于国家经济现代化的总体构想。他主张通过大力发展工农业来解决民生问题，“盖农矿工业，实为其他种种事业之母也”，中国农业现代化的出路，在于农业机械化和科学化。

晚年，孙中山又提出“耕者有其田”的思想，他说，农民缺乏田地沦为佃农者，国家应当给以土地。又强调，“将来民生主义真是达到目的，农民问题真是完全解决，是要耕者有其田”。

中华人民共和国成立后，历代党和国家领导人都十分重视“三农”（农业、农村、农民）问题。当前，我国农村的温饱问题已基

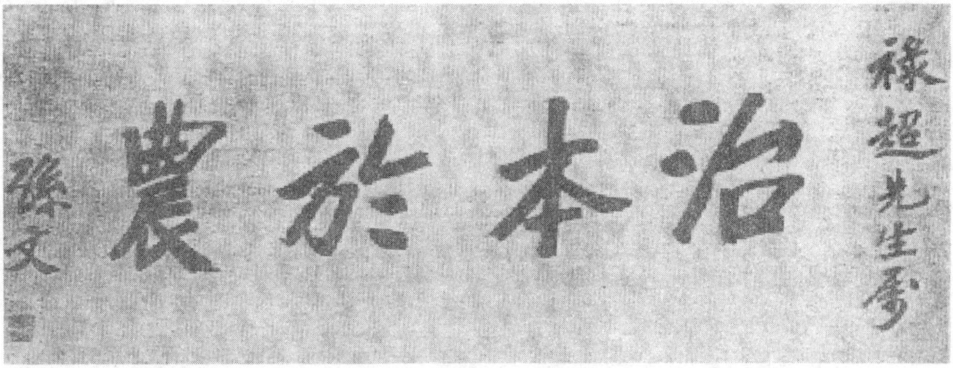

孙中山于1920年给军政府内政部农务局秘书、同乡李禄超的题词

本解决。在解决“三农”问题的实践中，要突出强调科学发展观为统领，落实以人为本的思想，建设社会主义新农村是为了农民，要依靠农民，按照生产发展、生活宽裕、乡风文明、村容整洁、管理民主的要求，全面开展包括新农村的经济、政治、文化、社会的建设。

有道德始有国家，有道德始成世界。

《在东京中国留学生欢迎会的演说》（1913 年 2 月 23 日），《孙中山全集》第 3 卷第 25 页。

这句话强调了道德规范对国家建设、社会建设所起的重要作用，也是被后人广泛引用的孙中山的名言之一。

1913 年 3 月 23 日孙中山在东京对留日学生讲话

孙中山辞去临时大总统后，于1913年初赴日本考察实业。3月23日，他莅临东京中国留学生欢迎会发表演说。首先谈及他赴美国、欧洲各国考察归来后的感想，认为两年来中国文明思想日进一日，民族思想日长一日，中国没有沦亡的道理。同时指出，中国的土地人口，世界莫及，正是英雄用武之时，建立一个民主共和国，是大家奋斗的目标。其中强调，要重视道德在建设民主国家中的作用，即后来成为至理名言的“有道德始有国家，有道德始成世界”。

孙中山致力于领导资产阶级民主革命的同时，十分关注国民的道德建设问题，把国民道德水平的高低直接与国家兴亡联系起来，曾指出“要维护民族和国家的长久地位，还有道德问题。有了很好的道德，国家才能长治久安”。孙中山清晰地勾画了富于中国特色的道德建设系统工程：八德，即忠、孝、仁、爱、信、义、和、平，以及三达德，即智、仁、勇。孙中山认定，这些便是在新时代还不能抛弃的好道德，中国从前的忠、孝、仁、义种种旧道德，是特别的好道德，不仅要保存，并且要发扬光大。

孙中山题词

孙中山在其领导革命事业的过程中还十分重视党的作用，他曾说：“党事为革命缘起事业，革命未成功时要以党为生命，成功后仍绝对用党来维持。所以办党比无论何事都重要。”因此他特别强调修明党德，亦即以德治党的问题，认为革命党只有党德清澄，才能党势强盛，只有党人的道德高尚才能使全国人民都佩服，全国人都信仰，才能令一般国民跟着来革命，从而取得革命的真正成功。孙中山所说的党德，包括信守党义、遵守党纲、精诚团结、愈挫愈奋、勇于牺牲等诸多方面。

正义所至，何坚不破？

《讨袁檄文》(1914 年 5 月)，黄彦编《孙文选集》(中) 第 424 页。

这句话的意思是说，只要坚持正义，再坚固的东西也能被打破。

1914 年的孙中山

1914 年 5 月至 1916 年 5 月，孙中山为揭露袁世凯复辟帝制罪行，号召武装讨袁，三次发表《讨袁宣言》。第一次于 1914 年 5 月发表于革命党人在上海创办的《生活日报》，题为《孙文檄文》，文中提到“正义所至，何坚不破？”

此次讨袁檄文发表，正值袁世凯疯狂破坏资产阶级民主共和制，解散国会，废弃《临时约法》，大倡尊孔复古逆流，大搞封建专制独裁之时。当时虽有少数革命党人对袁世凯称帝野心有所察觉，但多数人在袁氏制造的扑朔迷离的政治氛围中尚认不清庐山真面，檄文一针见血地抨击袁世凯

袁世凯

背弃前盟，暴行帝制；解散自治会和国会；滥用公款，谋杀人才，将国家陷于危险境地；假民党狱，残杀无辜四大罪状。指出“自袁为总统，野有饿殍，而都下之笙歌不彻；国多忧患，而郊祀之典礼未忘。万户涕泪，一人冠冕，其心尚有‘共和’二字存耶？既忘共和，即称民贼”。革命党人当初以大仁大义对待袁世凯，反铸成大错，现在应当义无反顾，“誓死戮此民贼，以拯吾民”，“今长江大河，万里以内，武汉京津，扼要诸军，皆已暗受旗帜……犁庭扫穴，共戮国贼，期可指日待焉”，号召一切爱国之豪俊共图之。

念欲改革政治，必先知历史，欲明历史，必通文字。

《在沪尚贤堂茶话会上的演说》（1916 年 7 月 15 日），《孙中山全集》第 3 卷第 321 页。

这句话的意思是说，要想改革政治，必须要先懂得历史，想明了历史，又必须通晓文字。这是孙中山于 1916 年 7 月 15 日出席在上海粤籍议员茶话会时所说的话。

当日，茶话会在上海法租界尚贤堂举行。孙中山与黄兴、伍廷芳、章太炎到会并先后发表演说，孙中山的演说围绕实现民权来展开。

上海尚贤堂原景

孙中山回顾过去争取民权的方式，认为以前是全力和同志们以武力为改革的手段，为国民权利做预备工作。而今以后从事建设事业，必须要贯彻四大主旨：一为国民谋吃饭，二为国民谋穿衣，三为国民谋居屋，四为国民谋走路。在如何实现民权问题上，他主张地方分权与中央集权并用，并要使国民进抵达直接民权的境界，“国民而身受民权之庇护，识其为无上光荣，则自必出死力以卫民权。”

逆天者必受殃，害人者终害己。

《致邓泽如及南洋国民党人函》(1913 年 12 月 25 日)，《孙中山全集》第 3 卷第 75 页。

这句话的意思是倒行逆施必遭灾殃，祸害别人的人自己最终将受到损失。

袁世凯于 1912 年窃取政权的初期，邀请孙中山到北京，委以“全国铁路督办”，孙中山一时倾力于实业建设，曾宣言“十年不预政治”、“愿袁氏十年为总统”，他自己则致力于铁道建设，不讲民族主义、民权主义。

1913 年 3 月 20 日，袁世凯派人刺杀宋教仁。图为被刺杀后的宋教仁

但这样的时间不很长。1913 年初国民党领袖宋教仁被暗杀，临时国会被解散，不久，袁世凯组织了参政院，向革命党发动进攻，并私自签定善后大借款合同，把全国盐税抵押给帝国主义。

袁世凯的倒行逆施，使孙中山觉悟过来。为了挽救民主共和国，孙中山发动“二次革命”，命令各省国民党人兴兵讨袁，但结果以失败而告结束。孙中山的反袁思想异常坚定，对袁世凯依靠日本帝国主义的丑行深恶痛绝。他在1913年12月致函海外国民党人的信中预言，袁世凯必将倒台：“逆天者必受殃，害人者终害己。”

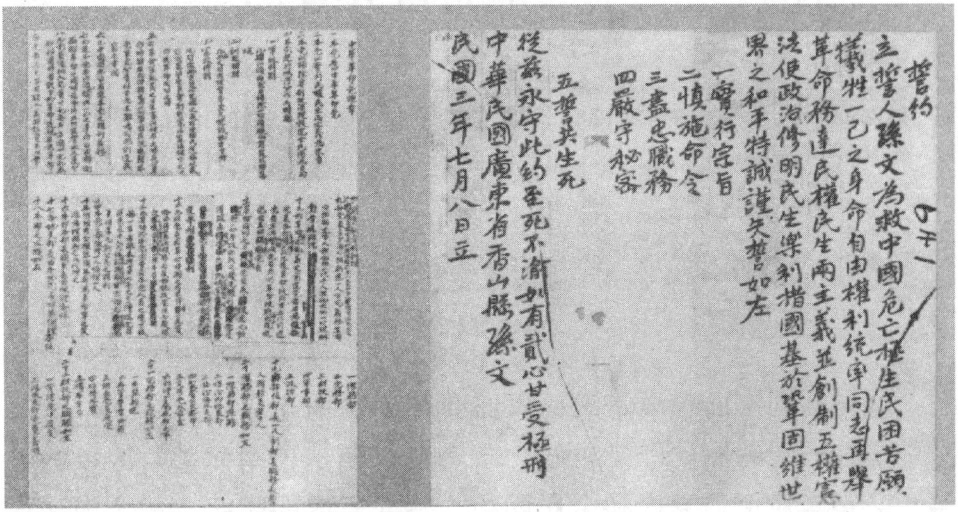
誓约
立誓人孫文為救中國危亡拯生民困苦願
犧牲一己之身命自由權利統率同志再舉
革命務達民權民生兩主義並創制五權憲
法使政治修明民生樂利措國基於鞏固維世
界之和平特誠謹矢誓如左
一實行宗旨
二慎施命令
三盡忠職務
四嚴守秘密
五誓共生死
從茲永守此約至死不渝如有貳心甘受極刑
中華民國廣東省香山縣孫文
民國三年七月八日立

孙中山手写的中华革命党总章及誓约

不能在祖国立足，孙中山再次逃亡海外。鉴于国民党的成分复杂、涣散、没有战斗力，孙中山决定重新建党。1914年往日本东京，集合革命同志，建立中华革命党。1915年春，袁世凯为了做皇帝，接受了日本提出的二十一条，孙中山痛斥袁氏引狼入室，使日本向中国发展其侵略政策，牺牲无数人性命换来的中华民国，“亦归于澌灭”。袁世凯于1915年12月13日宣布废除共和政体，实行帝制，改国号为中华帝国，年号洪宪，自任皇帝。在孙中山的领导和号召下，全国反袁浪潮迭起，蔡锷等在云南发动了护国战争。袁世凯被迫于1916年3月22日取消帝制，接着就于6月6日死去。

“合”之一字最足为吾人警惕。

《为上海〈民立报〉题词》（1911 年 12 月 31 日），《孙中山全集》第 2 卷第 581 页。

这句话的字面意思是说：我们要时刻警惕“合”这个字。它是孙中山在非常时期的非常之语。既是他长期从事革命斗争的经验总结，又是其对加强党内和全民团结，共同完成国家统一和全力建设民主国家的呐喊，蕴意深长。

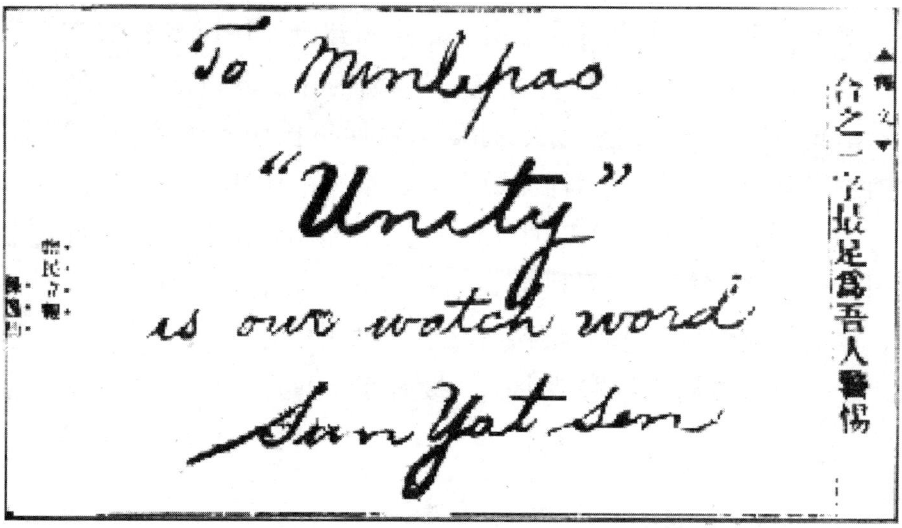

孙中山为上海《民立报》英文题词

武昌起义后，立宪派和封建官僚纷纷钻到革命队伍里，扮成共和制度的拥护者，有人鼓吹“革命军兴，革命党消”，使革命派失去了应有的警惕。孙中山敏锐地察觉到这些严重问题，奋笔在同盟会上海机关报《民立报》上用中文题词：“戮力同心。《民立报》同志属书，孙文。”英文题词：“‘Unity’is our Watch Word. SunYatSen.”释文为：“‘合’之一字最足为吾人警惕。孙逸仙。”

1911 年 12 月 25 日孙中山抵达上海时摄影

孙中山不愧是中国民主革命的伟大先行者，他高瞻远瞩，苦心孤诣，告诫革命党人，提高警惕，团结一致，同心同德，克服困难，以达共和之目的。

人生奋斗篇

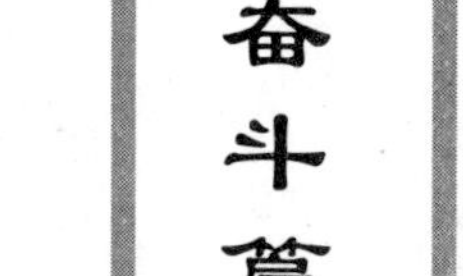

安危他日终须仗，甘苦来时要共尝。

《题赠黄兴联》（1914 年 6 月 27 日），刘望龄辑注《孙中山题词遗墨汇编》第 29 页。

这句话的意思是说：无论是安全或危险必须相互依仗，甘美与痛苦的滋味大家要一起品尝。意即有难同当，有福同享。

黄兴

1914年孙中山在日本组建中华革命党，黄兴因参加中华革命党须盖指印问题有意见而与孙中山产生矛盾，拒绝入党，6月决定由日赴美。行前，于寓所宴请孙中山。孙中山集古人诗句撰写对联相赠：“安危他日终须仗，甘苦来时要共尝。”上联出自杜甫的《诸将五首》，原诗为“西蜀地形天下险，安危须仗出群才”。这是杜甫有感于当时朝纲不振，蜀中将帅平庸的现象而作，盼望着有出类拔萃的人才出现。这里，则是孙中山从内心深处向志同道合的战友的倾诉。从字面意思看来，既饱含有孙、黄两人依依惜别，黯然神伤之感，也表达了孙中山对战友的倚重、勉励之情。

有志之士，当立心做大事，不可立心做大官。

《〈新疆游记〉序》(1920年7月26日)，《孙中山全集》第5卷第288页。

这句话的意思是说：一个有志气的人，应该立志做有意义的大事，不应该存心去做官。

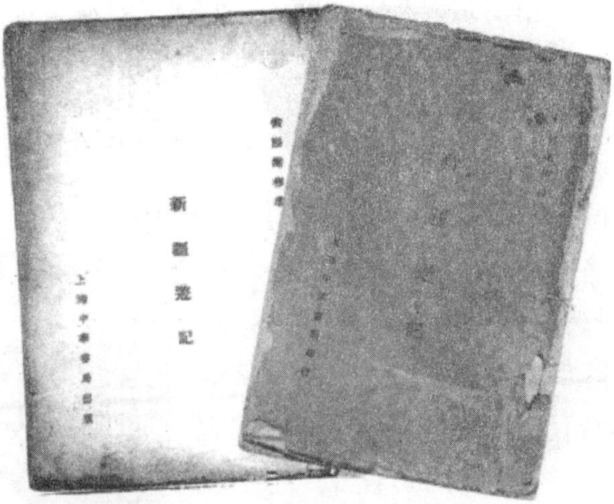
民国年间出版的各种谢彬著《新疆游记》版本

1918年10月，社会人士谢彬赴新疆考察，历时15个月，写成《新疆游记》一书，分为20章，逐日记载游历新疆时的所见所闻。他依靠马车、骡车，马、骆驼古老的交通工具，在新疆广袤的大地上走完了前无古人的行程，并呼吁举国上下瞩目西部，敦促新疆政界面对世界潮流。在较长的一个时期内，这部游记被视为关于新疆的百科全书。孙中山亲笔写序，赞其为“有志之士”，并讲到“当立心做

孙中山在岭南大学发表演说后的合影

大事，不可立心做大官”，以嘉其行。

三年之后，即1923年12月21日应岭南大学的邀请，孙中山到该校怀士堂（今中山大学小礼堂）做演讲，重新阐述这一思想。他讲到，古今人物名望的高低，不在于他所做的官大，而是在于他所做的事业成功。如果一件事业能够成功，便能够享大名，“所以我劝诸君立志，是要做大事，不可要做大官”。进而解释所谓大事的内容，即针对当时中国贫穷、落后，受帝国主义列强欺侮的情况，要学生们担负起“救贫救弱的责任”，使中国转弱为强，化贫为富。特别强调要立志，“要有国民的大志气，专心做一件事，帮助国家，变成富强”。孙中山的这一思想，影响了一代又一代的莘莘学子。

今中山大学小礼堂（原岭南大学怀士堂）

人生有死，死有重轻，死以为国，身毁名荣。

《祭武汉死义诸烈士文》（1912 年 3 月 17 日），《孙中山全集》第 1 卷第 242 页。

这句话的意思是说：人生难免有一死，死有轻重之别。为国家而死，尽管躯体不在了，但总会留下英名。

武昌起义中革命军占领楚望台军需库

1912 年 2 月 3 日，黄兴以陆军部部长名义向各省发出通告，订于 3 月 1 日在南京小营演武厅举行追悼先烈大会。当日，追悼大会隆重举行，孙中山偕女公子亲临主持，各部总长及卫戍总督各军队均派代表到会。

孙中山亲致祭词，词称：

任临时大总统时的孙中山

> 中夏不弔，满夷窃乱，盗憎主人，府尤丛怨。
>
> 岂曰无人，摧仇奋患，时不可为，热血空溅。
>
> 乃及辛亥，火中成军，武汉飚发，胡虏土崩。
>
> 既攻既击，椓我弟昆，虽椓我昆，大功则成。
>
> 人生有死，死有重轻，死以为国，身毁名荣。
>
> 漠漠沙场，烈骨所暴，崭崭新国，烈士所造。
>
> 千祀万禩，俎豆馨香，魄归蒿乡，魂在帝旁。

天下安危，匹夫有责，先知先觉，义岂容辞！

《致港督卜力书》（1900 年六七月间），《孙中山全集》第 1 卷第 192 页。

这句话的意思是说：国家的安危，每个人都负有责任，先知先觉者，更是义不容辞！

卜力

卜力（Henry Arthur Blake）是英国派驻香港的第十二任总督。

1900 年 8 月 18 日，由孙中山领衔、陈少白起草、何启英文翻译，孙中山、杨衢云、陈少白、谢缵泰、郑士良、邓荫南、史坚如、李纪堂八人联名致香港总督卜力的这封标题为《致香港总督历数清朝政府罪状并拟订平治章程请转商各国赞成书》，简称《致港督卜力书》。它历数清政府的积弊和社会的凶顽，罗列其罪状，揭露“政府冥顽，转圜不易”、“疆臣重吏，观望依违”的事实，指出当时的局势“为中外安危之所关，满汉存亡之所系”。同时强调“天下安危，匹夫有责，先知先觉，义岂容辞！”这些动情的语言，充分表达了爱国志士们的满腔悲愤和强烈的以挽救民族危亡为己任的使命感。

信的末尾提出《平治章程》六则，希望得到英国及其他国家的同情和支持。六则分别为：迁都于适中之地；于都内立一中央政府，以总其成，于各省立一自治政府，以资分理；公权利于天下；增添文武官俸；平其政刑；变科举为专门之学。

知我者谓我心忧，不知我者谓我何求？斯之谓矣。然个人之去就其义小，国家之存亡其义大。

《辞大元帅职通电》（1918 年 5 月 4 日），《孙中山全集》第 4 卷第 471～472 页。

“知我者谓我心忧，不知我者谓我何求”这句诗出自我国最早的诗歌总集《诗经》，在《王风》集中，题为《黍离》。本意为：“了解我心情的人，认为我心中惆怅；不了解我心情的，还以为我有什么要求呢！”后两句话的意思是说，个人的离去或留下意义是小的，而国家的存亡意义才是大的。

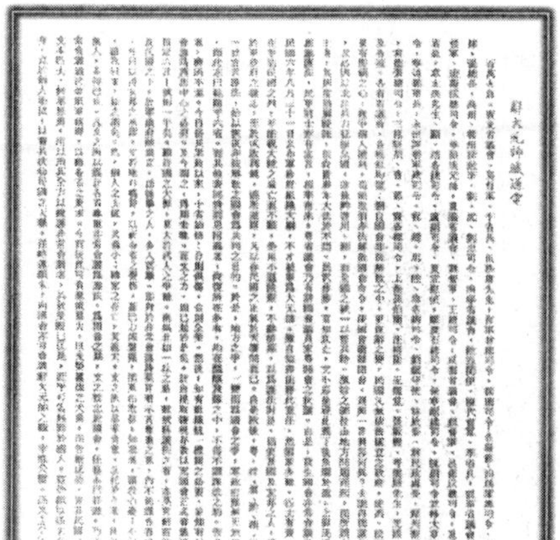

孙中山辞大元帅职通电

孙中山发动和领导的护法运动，自开始就遭到桂系、滇系军阀的抵制。1918 年 2 月，军政府改组方案拟订后，桂系首领陆荣廷等人认为仍没达到完全控制军政府的目的，于是极力反对。伍廷芳、唐绍仪为此周旋，加以桂系的压力，再拟的改组条件对桂系大为有利。孙中山不同意新方案，两次向国会提出反对。4 月上旬，受桂系操纵，部分国会议员提出将改组军政府方案交国会审议。5 月 4 日，非常国会开会讨论该案，桂系调动大队宪兵闯入会场，监视议员。80 余名议员投票结果，改组案以 4 票的优势获通过。孙中山认为护法无望，愤辞大元帅职务，并发表通电，指出："顾吾国之大患，莫大于武人之争雄，南与北如一丘之貉。虽号称护法之省，亦莫肯俯首于法律及民意之下。"深有感触地讲到："知我者谓我心忧，不知我者谓我何求？斯之谓矣。然个人之去就其义小，国家之存亡其义大。"

真革命党，志在国家，必不屑于升官发财；彼能升官发财者，悉属伪革党。

《批杨鹤龄函》（1923 年 1 月 16 日），《孙中山全集》第 7 卷第 33 页。

这句话的意思是，真正的革命党人，志向在于努力促进国家的发展，必定不太关注升官发财这样的事，反过来说，能升官发财的人，都不是真正的革命党人。要想充分理解上面这句话的内涵，还得从孙中山与杨鹤龄的关系说起。

杨鹤龄（1868—1934），原籍广东香山（今中山），生于澳门。年少时就读于香港皇仁书院时，期间与孙中山相识。杨鹤龄家人在香港歌赋街经商，开设有“杨耀记”商店。孙中山课余常与杨鹤龄、陈少白、尢列等在“杨耀记”后楼相聚，若干年后，孙中山回忆起这段经历时还说，四个人当时朝夕相处，所谈论的都是革命言论，所怀有的均为革命思想，所研究的都是革命问题。四人来往密切，非谈革命无以为欢，

上图前排自左至右：杨鹤龄、孙中山、陈少白、尢列，后立者为关景良

后被人称为“四大寇”。

1892年，孙中山在澳门向镜湖医院借银开办中西药局，担保还银人是杨鹤龄的妹夫、澳门绅商吴节薇。后孙中山在澳门受到排挤，转往广州及香山石岐开设药局，但手头拮据，杨鹤龄曾变卖位于澳门龙嵩街的一所房子，所得资金悉数赠给孙中山作发展事业之用。

孙中山发动反清武装起义之时，杨鹤龄在港澳协助筹募经费及作反清宣传，并在陈少白创办的革命报刊《中国日报》中任职。民国成立后，杨鹤龄隐居澳门。

杨鹤龄

杨鹤龄是孙中山的故交，之后两次写信给孙中山求职。首次在1919年5月16日，当时孙中山避居上海，得到的回答（代）是：现在没有什么事情可交给您办理，孙中山先生现正闭门写书。以后如果时局有所转机，如有用人的地方，肯定不会忘记老朋友的。

几年后，杨鹤龄心有不甘，再致函孙中山求职，称近来审视时局，知道已大有转机，广东的三千万同胞，日日希望您来主持大局，已不是去年那样子了。我看到这种情况，雄心壮志不减当年，极想服务于民国，如果能继续追随先生左右，肯定能给您帮上忙。于是就得到孙中山的“真革命党，志在国家，必不屑于升官发财；彼能升官发财者，悉属伪革党”这样的答复。

孙中山尽管没给杨氏安排一官半职，但他不忘故人。1921年9月，孙中山在广州任非常大总统时，聘请杨鹤龄为总统府顾问，并每月馈赠五百元作为养老金；又把越秀山南麓文澜阁修葺一新，延请杨鹤龄、陈少白、尢列三位“四大寇”时期的革命元老居住。1923年3月，孙中山成立海陆军大元帅大本营，于4月4日，任命杨鹤龄为港澳特务调查员。1925年孙中山逝世后，杨鹤龄迁居澳门，1934年在澳门病逝。

我一生的嗜好，除了革命外，只有好读书，我一天不读书，便不能生活。

黄昌谷：《孙中山先生之生活》，陆达节编，《孙中山先生逸语》第51页。

读书对于孙中山而言，是人生不可或缺的一部分。这句话的大意是说，孙中山一生中的爱好有两个，除了革命外，就是读书，而他一天不读书，便不能生活下去，便觉得没有意义。可以说，孙中山一生与书有着很深的缘分。

孙中山早年在日本东京从事革命活动时，得到了日本友人犬养毅的大力支持与帮助，结下了深厚的革命情谊。一天犬养毅问道：“我每次看望孙先生，谈不了几句，先生就要讲革命。先生于革命之外，还有没有别的嗜好呢？”孙中山不假思索地回答：“我一生的嗜好，除了革命外，只有好读书，我一天不读书，便不能生活。”

孙中山日本友人犬养毅

据孙中山晚年的秘书黄昌谷回忆："孙先生一生的生活，总是手不释卷，从前在旅途中，别的东西很少，但总得带上关于革命方面的最新的出版物，一有空就仔细阅读研究。孙先生自己也说过这样的话：'我一天不读书，便不能够生活。'先生爱读书至此等程度，实是古今中外少有！"

博览群书，的确是孙中山的一大喜好。他早年随兄长孙眉去美国檀香山求学时，利用课余时间，阅读了华盛顿、林肯等几位美国著名总统的传记。回国后在香港西医书院学习，利用点滴时间，广泛涉猎中外书籍，同学们赞赏他的见多识广，给他取了个"通天晓"的绰号。

1909 年，孙中山再次去欧洲，在华侨中宣传革命主张，辗转到达英国伦敦时，身边的钱快用光了，于是尽量节约开支，一日三餐吃的都是价贱的大众面包。几个留学生知道后，凑了四十英镑送去，

孙中山晚年旅居上海期间的书房

让他改善伙食，孙中山推辞不了，只得收下。一个星期后，那几个学生去看望，见他吃的仍是大众面包，原来他把这些英镑都买了书。

晚年孙中山在上海领导护法斗争，因手头拮据，规定每天的生活费限于二元。一次，在卫士马湘的一再劝说下，他带了些钱出门，准备购买几样生活必需品。途中经过一家书店时，孙中山径自走了进去，选购了一捆线装书。还向马湘解释说："书是精神食粮，比生活用品更需要，所以先买了。"

晚年孙中山在上海居住期间，购买了古今中外大量书籍，据有关专家统计，上海孙中山故居共收藏书籍书目总数 1932 种，计 5230 册，共有中文、英文、法文、德文、俄文和日文六种。

弥留之际，孙中山在家事遗嘱中，对他的书籍专门做了交代，特别写到："余因尽瘁国事，不治家产，其所遗之书籍、衣物、住宅等，一切均付吾妻宋庆龄，以为纪念。"

既学必求其通，勿浅尝辄止也。

《与邵元冲的谈话》（1919 年 11 月 24 日），《孙中山全集》第 5 卷第 166～167 页。

这句话的意思是说，学习一定要追求贯通，不能够浅尝辄止。

邵元冲

这是孙中山与他的机要秘书邵元冲在某次关于治学的谈话中讲到的话。

据邵元冲记录，1919 年冬，他准备到美国留学，向孙中山请假，孙中山一开始并没有批准，但由于邵元冲的坚持，孙中山最终方才同意。孙中山建议他到美国的中部去学习，原因是美国的东部与西部华人太多，在这些地方学习，容易使人分心。邵元冲向孙中山表示，他到美国学习主要是为了中国的革命事业，将在三民主义中的民生主义方面下工夫，而学习的侧重点主要是基础学科，即社会学和经济学。孙中山听了邵元冲的一番话后，告诫他说：“既学必求其通，勿浅尝辄止也。”

为了使邵元冲能够顺利留学，孙中山又曾专门致函上海圣约翰大学校长卜舫济，介绍邵氏到该校补课，他这样写道：持信人是我的中文秘书邵元冲先生，他想赴美攻读政治学。虽然他几年前才在浙江省立大学英语系毕业，但是在他能进美国大学之前，有些课程是欠缺的。因此，我坚持他至圣约翰大学做必要的补课准备。为了这一目的，我写信给你，请接见他和给他特殊照顾和方便。这封信反映了孙中山对青年学生的拳拳爱护之心。

不管你们到哪一国去留学，也不论你们将来学什么，只要你们能够刻苦用功、切切实实地去学，将来一定会有成就的。

《与留法学生的谈话》(1919年11月中旬)，《孙中山全集》第5卷第165页。

张道藩

1919年11月中旬，张道藩与黄齐生等十余人在上海候船赴法留学。他们获悉孙中山居住在上海后，就联名写信请求拜谒，两天后，顺利得到孙中山接见。

在上海莫利埃路29号孙中山的客厅里，十多位年轻人围着一长条桌而坐，孙中山和蔼地询问各人的姓名、到法国后的打算。大家推定黄齐生作为代表向孙先生致意。黄齐生诚恳地对孙中山说，孙先生，您是领导革命推翻清朝政府专制创建中华民国的伟大政治家，承你今天允诺我们晋谒求教，我们非常感谢，也认为是莫大的荣幸，你对于欧洲各国的文明、政治学术都有深刻的了解，我们恳求您多多给我们指示，使我们知道怎样好好地求学，将来能够对国家社会做一个有用的人。

孙中山微笑着说，不管你们到哪一国去留学，也不论你们将来学什么，只要你们能够刻苦用功、切切实实地去学，将来一定会有成就的。但是你们要知道，我们中国虽然已经推翻了清朝专制政体，建立了五族共和的中华民国。可是我们的立国基础还没有巩固，许多官僚、政客、武人，对于共和政体还没有真正的认识，所以才有袁世凯推翻共和政体要做洪宪专制皇帝的可笑事件发生。现在袁世凯虽然死了，可是北方政府仍然在北洋军阀官僚政客的手里。所以我非在广东组织护法政府重新革命才能挽救中华民国。你们也要知道中国还是一个贫弱的国家，事事都受到世界列强的干涉和压迫。全国同胞，尤其是知识分子，大家必须齐心参加革命，才能使中国得到独立、自由和平等。我国在各国的留学生，应该都是最优秀最革命的知识分子，可是事实上并不完全如此。许多留学好的，只知道读死书求知识；其次的只学了一些外国学术的皮毛；再次的只学得些外国人的生活享受和恶习。最奇怪的是大多数都不知道应该过问政治。希望你们到外国去不要以能读死书求得一点知识为满足，应该除了专门科目而外，随时随地留心考察研究各国的人情、风俗习惯、社会状况以及政治实情等。这些活的知识对于你们学成归国之后，会对国家对社会有很大贡献的。

吾志所向，一往无前，愈挫愈奋，再接再励（厉），用能鼓动风潮，造成时势。

《建国方略》(1917—1919)，《孙中山全集》第 6 卷第 157 页。

这句话的意思是说：我的志向是一往无前，越是受到挫折，越是更加勤奋，继续努力，不断进取，所以才能够鼓动社会风潮，造成革命的时势。

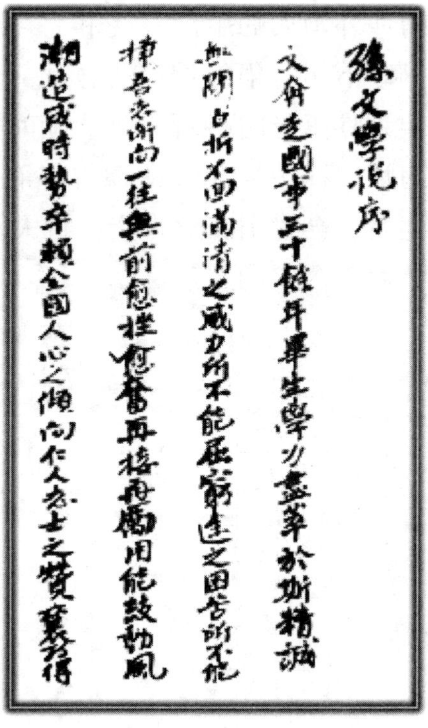
孫文學說序
文奔走國事三十餘年畢生學力盡萃於斯精誠
無間百折不回滿清之威力所不能屈窮途之困苦所不能
撓吾志所向一往無前愈挫愈奮再接再厲用能鼓動風
潮造成時勢卒賴全國人心之傾向仁人志士之贊襄乃得

孙中山手书的《孙文学说序》

这是孙中山于 1918 年 12 月 30 日在上海为其所著的《孙文学说》做的序言中讲到的话。

孙中山开门见山地说：“文奔走国事三十余年，毕生学力尽萃于斯，精诚无间，百折不回。满清（清朝）之威力所不能屈，穷途之困所不能挠。吾志所向，一往无前，愈挫愈奋，再接再励（厉），用能鼓动风潮，造成时势；卒赖全国人心之倾向，仁人志士之赞襄，乃得推覆专制，创建共和。”这是

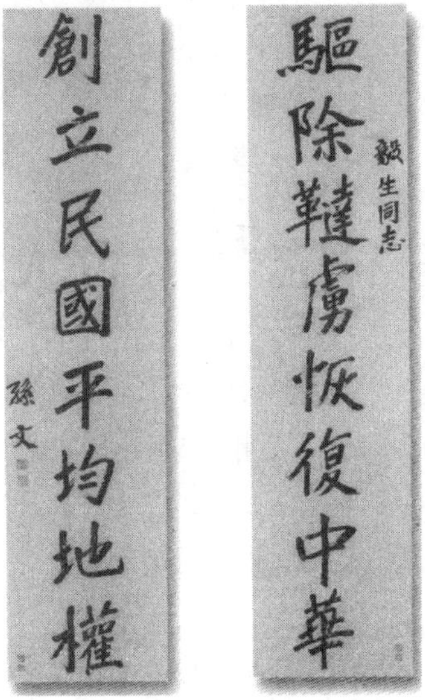

孙中山手书的中国同盟会纲领

孙中山的心里话，既是对三十多年来艰难从事革命活动的总结，也是对革命成果来之不易的生动写照。

1905 年 8 月，孙中山在日本组织成立中国同盟会，确定“驱除鞑虏，恢复中华，创立民国，平均地权”的革命政纲。面对帝国主义列强伺机瓜分中国、民族危机日趋加深的严峻形势，孙中山等革命党人生命不息，战斗不止，从未失掉中国革命必定胜利的坚定信念。同盟会成立前后至武昌起义，孙中山领导多次武装起义，动摇了清政府统治的根基。

1907 年 5 月，孙中山曾在潮州黄冈组织起义。同年 6 月，孙中山命邓子瑜在惠州七女湖起义。7 月 6 日徐锡麟起义于安庆。同年 7 月中下旬，孙中山经越南赴广西主持镇南关起义，再告失败。1908 年 3 月 27 日黄兴由安南率革命军进攻钦州。4 月，黄明堂起义于云南河口。1910 年 2 月倪映典发动新军起义于广州。起义旋起旋败，但是，孙中山毫不气馁。最终武昌起义爆发，一举推翻在中国存在了两千多年的封建帝制。

1911 年 4 月前孙中山领导的十次武装反清起义简表

时　间	名 称	直接指挥者
1895 年 10 月	广州起义	孙中山
1900 年 10 月	惠州三洲田起义	郑士良
1907 年 5 月	潮州黄冈起义	陈涌波、余既成
1907 年 6 月	惠州七女湖起义	邓子瑜
1907 年 9 月	钦州、廉州、防城起义	王和顺
1907 年 12 月	镇南关起义	黄明堂
1908 年 3 月	钦州、廉州、上思起义	黄兴
1908 年 4 月	河口起义	黄明堂、王和顺
1910 年 2 月	广州新军起义	倪映典
1911 年 4 月	广州“三·二九”起义	黄兴

无论什么人做事，都有一种志气。古人说："有志者事竟成。"

《在广州对国民党员的演说》（1923 年 12 月 30 日），《孙中山全集》第 8 卷第 568 页。

这句话的意思是说，无论什么人做事，都要有一种志气。就像古人所说的"有志者事竟成"那样。

1923 年秋，国民党改组加紧进行。12 月 30 日孙中山在广州对国民党员演说，说明改组的意义，强调将变更奋斗方法，注重宣传的奋斗。

孙中山在演讲中指出，国民党这几年用武力的奋斗太多，宣传的奋斗太少。此次改组，注重宣传的奋斗，便是挽救从前的弊端。他强调，无论什么人做事，都有一种志气，就像古人所说的"有志者事竟成"一样。孙中山历举武昌起义及中外历

1924 年春孙中山摄于广州陆海军大元帅府

史事例说明宣传的重要性，号召以宣传造成群力，认为国家的基础，是建筑在人民思想之上，要改造国家，必须以三民主义改造人民的思想。要达到这个目的，不是现在广东少数的国民党员可以做得成功的。必要应用群力，请全国人都同心协力去做，那才容易成功。要求党员要注重宣传的奋斗，不要单注重兵力的奋斗。

生为人杰，死作鬼雄，惟诸烈士，其昭鉴之。

《祭黄花岗七十二烈士文》（1922 年 4 月 25 日），《孙中山全集》第 6 卷第 105 ~ 106 页。

这句话的意思是说黄花岗的七十二烈士们生前为人中的豪杰，死后做鬼也是英雄。死去的诸位烈士啊，请你们明鉴。

1922 年 4 月 25 日是农历三月二十九日，即黄花岗起义 11 周年纪念日。当日，孙中山派参军长徐绍桢致祭祠于黄花岗烈士灵前，祭祠近 500 字，最后讲到“生为人杰，死作鬼雄，惟诸烈士，其昭鉴之”。

广州“三·二九”起义指挥部旧址——广州市越华路小东营 5 号

被孙中山誉为“惊天地，泣鬼神”的1911年广州“三·二九”起义，是辛亥前夜最为悲壮的一次武装反清斗争。1910年2月广州新军起义失败后，孙中山等革命党人毫不气馁，于同年11月在槟榔屿召开同盟会骨干会议，谋划再次在广州发动起义。会后，孙中山赴美洲募款，黄兴、赵声等人返香港具体筹划。1911年1月底成立统筹部，作为起义的领导机关，一面派人前往长江中下游各省联络，策动响应，一面派人潜入广州，设立秘密机关，同时在南洋华侨和闽、苏、皖、川、桂、粤各省招募800党人组成“选锋”（敢死队）。4月8日，统筹部制定周密的起义计划，决定于13日起义。不料，开会当日，同盟会会员温生才枪杀广州将军孚琦，当局惊恐万状，戒严省城，加上饷械未到位，起义被迫改期。不久，获悉广州一部分新军将于五月退伍，发动起义，事不宜迟。23日黄兴由香港至广州，主持起义的领导工作。因风声走漏，两广总督张鸣岐严加戒备，部分秘密机关遭到破坏。黄兴当机立断，决定27日（农历三

安葬广州“三·二九”起义烈士的黄花岗七十二烈士墓

月二十九日）午后起义，由黄兴、姚雨平、陈炯明、胡毅生各领选锋一路，分别围攻督署、小北门、督练公所、大南门。当日下午五时三十分，黄兴亲率选锋队 160 余人，臂缠白布，从小东营直扑督署，杀死管带金振邦，冲入内堂，张鸣岐闻变潜逃。其他三路未及发动，黄兴等人与清军展开激烈的巷战，终因寡不敌众，党人大多牺牲，起义遭到惨败。黄兴、朱执信等人负伤后化装逃脱，喻培伦、方声洞、林觉民等 86 人遇难。事后，革命党人潘达微通过善堂出面，收殓烈士遗骸 72 具，葬于红花岗（后改名黄花岗），这次起义因此又称为黄花岗起义。

民国成立后，人们在这里建墓立碑，把昔日的荒野建成庄严美丽的陵园，供后人瞻仰凭吊。因为起义日期在农历三月二十九日，向来为人们所熟记，所以后人把三月二十九日作为起义的纪念日。每年此日，都有人来到烈士墓前，献上花圈，表示敬意。

孙中山在美国得悉起义失败，赞誉此役勇敢英烈，为世界各国所未曾有，“革命之声威从此愈振，而人心更奋发矣”，“这次起义虽然失败，然其影响世界各国实非常之大，而我海内外之同胞，无不以此而大生奋感”。后来又说，此役“集各省革命党之精英，与彼虏为最后之一搏。事虽不成，而黄花岗七十二烈士轰轰烈烈之概已震动全球，而国内革命之时势实以之造成矣”。黄花岗起义失败，使同盟会失去了许多优秀干部。但烈士们用鲜血映红了南国大地，极大地激发了全国人民的革命斗志，诚如孙中山所言，“怨愤所积，如怒涛排壑，不可遏抑，不半载而武昌之大革命以成”。

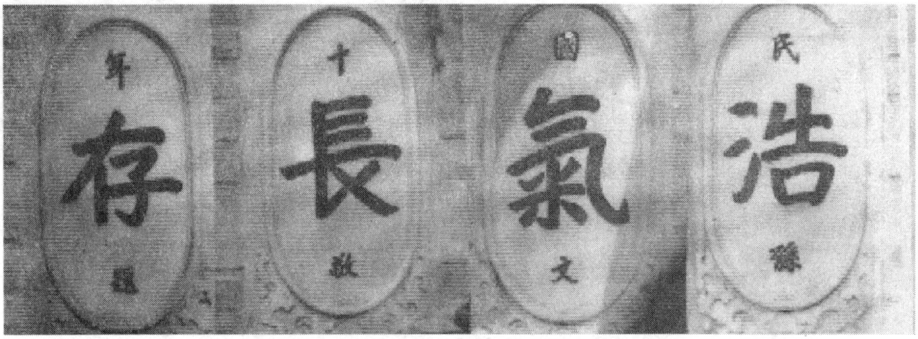

孙中山在 1921 年为黄花岗七十二烈士墓的题词“浩气长存”

勿以小挫失而遽怀灰心，毅力坚持，以谋进取，庶足日起有功也。

《复卢师谛杨虎函》（1919年1月14日），《孙中山全集》第5卷第9页。

这是孙中山于1919年1月14日复川、滇、黔联军援鄂第一路军副总司令卢师谛、鄂军总司令杨虎的信函中讲的话。鼓励两人不要因为小小的挫折而灰心丧气，相信坚持不懈，终有成功之日。同时希望，在四川的各位同志，应该注意巩固现在的地盘，筹谋切实的发展，千万不能舍近求远，否则将双方都无把握。

卢师谛

杨虎

乐观者，成功之源；悲观者，失败之因。

《〈国民月刊〉出世辞》(1913 年 5 月 20 日)，《孙中山全集》第 3 卷第 63 页。

孙中山为《国民月刊》第 1 卷第 1 号题刊名

这句话的字面意思是说，乐观是成功的源泉，而悲观是失败的原因，鼓励大家要积极乐观向上。

《国民月刊》为上海国民党机关刊物，由国民党上海交通部于 1913 年 5 月 20 日编辑发行。孙中山为该刊创刊号作《出世辞》，指出：此一年之内革命党人的抱负，未实现十分之一，但“乐观者，成功之源；悲观者，失败之因”。因此大家必须要有乐观的精神，才会有坚忍的毅力，有了坚忍的毅力，然后所坚持的主义乃能够达到目的。作者最后讲到，“以进步思想，乐观精神，准公理，据政纲，以达巩固中华民国图谋民生幸福之目的，当然为吾党之责，愿与吾党人士共勉之”。但遗憾的是，该刊出版两期便停刊。

古人说："死有重于泰山，有轻于鸿毛。"盖人类牺牲的价值，有比生命还要贵重的，就是真理和名誉。

《在广州中国国民党恳亲大会的演说》（1923年10月15日），《孙中山全集》第8卷第286页。

这句话的大意是说，古人说过："有的人的死意义比泰山还重，有的人的死意义比鸿毛还轻。"所以说，人们牺牲的价值，还有比生命还珍贵的，那就是真理和名誉。

孙中山宋庆龄1923年在广州的合影

1923年9月初，中国国民党广东支部发起筹备国民党恳亲大会，从10月10日开始，在广州第一公园正式举办，为期一周。孙中山于15日与会并发表演说，演说的主题是党员应该想做大事，不可想做大官。

孙中山指出，民国成立以来国民党党内风气远不如以前，原因是党内成员过于复杂，大多数党员都是以入党为做官的捷径，应该把那些不良分子设法淘汰。做党员的精神在于能够为主义去牺牲，古人所说"死有重于泰山，有轻于鸿毛”。但孙中山认为，人类牺牲的价值，有比生命还要贵重的，就是真理和名誉，并以黄花岗七十二烈士和温生才为例来说明，“七十二烈士和温生才为真理和名誉而死，他们死后的酬报，不只是立纪念的石碑；革命成功，中国富强，全国人民都可以享幸福，那就是他们的大酬报，我们要得将来的大酬报，眼前便不能不牺牲。”告诫大家，平日立志，应该想做大事，不可想做大官。

孙中山同时强调，以党治国，是要党的主义实行，全国人都遵守党的主义，中国然后才可以治理。现在党员暮气很深，要除去暮气，恢复朝气，要恢复从前为党奋斗的精神，党的事业才可望蒸蒸日上。孙中山还认为，革命的方法，就在得人心，人心是立国的大根本。得人心的方法很多，第一是要党员人格高尚，行为正大。第二是要注重宣传。相信党的主义的确是适合中国国情，顺应世界潮流，建设新国家一个最完全的主义。把这个主义宣传到全国，用这个主义去统一全国人民的心理。到了全国人民的心理都被统一了，国民党自然可以统一中国，实行三民主义。

学问为立国根本，东西各国之文明，皆由学问购来。

《在北京湖广会馆学界欢迎会的演说》（1912 年 8 月 30 日），《孙中山全集》第 2 卷第 422 ~ 423 页。

这句话的意思是说，学问是一个国家生存的根本，东方和西方各个国家的文明，都是由学问演化而来的。

北京湖广会馆

据现有史料记载，孙中山一生曾四次到过北京湖广会馆，而讲上述一番话时是在第三次。

1912 年 8 月 30 日下午，北京学界约 3000 人在湖广会馆隆重集会欢迎孙中山。孙中山在演说中指出，革命成功，靠学界力量不少。现在要搞建设，更要靠有学问的人，即“学问为立国根本，东西各国之文明，皆由学问购来”。目前处在政体过渡时代，学者的工作方针也要改一改。专制时代以学生为将来人民的主人翁，共和时代，学生是候补公仆。希望我国的学生能够涤除以前的旧思想，早日将公仆义务担在肩上。将来中华民国，一定会成为地球上最优美最文明的国家。到会的人听了孙中山的讲话，精神为之振奋。

学问志愿，两者并行。有学问而无志愿，不徒无益，而反有害。

《在东京中国留学生欢迎会的演说》（1913 年 2 月 23 日），《孙中山全集》第 3 卷第 24 页。

这句话的大意是说，学问和志愿，对于一个人来说，必须是两者并行，必须同时具有。如果只有学问而没有志愿，那么不但没有好处，反而只会有坏处。

1913 年 2 月 23 上午 9 时，中国留日本东京全体学生于神田青年会馆热烈欢迎孙中山。首先由留东学生会会长黄申芗致欢迎词，接着由孙中山演说近两个小时。孙中山勖勉留学生们孜孜谋求建设的学问时，说出上述一番话。同时希望中日联合，共谋中国的建设事业，指出，中日两国，最适宜联合一致进行，将来能否联合、能否亲切交往，这种责任，都在学生诸君身上。

黄申芗

爱国以命，爱党以诚。

《为邓荫南遗像题词》（1923 年 2 月），刘望龄辑注《孙中山题词遗墨汇编》第 281 页。

这句话的字面意思是，用生命来热爱国家，用诚恳来热爱政党。这是邓荫南逝世后孙中山为他题写的像赞，充分肯定了邓荫南为国为党所作的贡献。

邓荫南

邓荫南（1846—1923），是第一批兴中会成员之一，著名的资产阶级民主革命家，追随孙中山革命近 30 年。

25 岁时，邓荫南赴美国夏威夷檀香山经商，参加三合会从事反清活动。1894 年兴中会在檀香山正式成立，邓荫南任该会值理。此后，他变卖所有

位于广州市先烈路的邓荫南墓园

家产来支持革命，在兴中会以及同盟会的多次起义中，都起过重要的作用。

邓荫南1895年返国，出巨资购枪械，酝酿广州起义。1911年率军攻克新安县城（今属深圳）响应武昌起义。中华民国临时政府成立后，他参加过讨袁战争和护法运动等。1922年从开平率部讨伐陈炯明。1923年病逝于澳门，葬于广州。逝世后，孙中山赞其“爱国以命，爱党以诚，家不遑顾，老而弥贞”，并追赠陆军上将荣衔，葬以厚礼。

夫天下之事，其不如人意者固十常八九，总在能坚忍耐烦，劳怨不避，乃能期于有成。

《为许崇智题词》，刘望龄辑注《孙中山题词遗墨汇编》第 348 页。

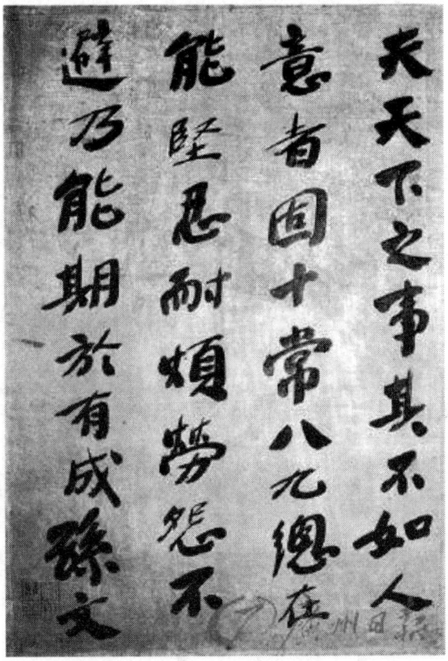

孙中山题词

这句话的意思是说，天下的事，常常是十有八九不能令人满意，但如果能坚忍耐烦，不嫌劳怨，相信总会有成功的一天。这是孙中山题赠许崇智的墨迹，以示勉励。但题写日期不详。

许崇智（1886—1965），字汝为，广东番禺（今广州市）人。早年留学日本，习兵学，入同盟会。回国后任福建新军第二十镇协统，武昌起义后胁迫新军编制孙道仁宣布独立，任闽军总司令。1913 年参加“二次革命”，任福建讨袁军总司令。1914 年任中华革命党军务部部长，负责东北战事，任中华革命军东北军参谋长。护法运动期间，任广州大元帅府参军兼署陆军总长。1924 年当选国民党“一大”候补中央监察委员，旋任陆海军大元帅大本营军政部长。

许崇智

无独有偶，蒋介石于1921 年任广东东路讨贼军总司令参谋长后，于 11 月 19 日致函上海的胡汉民、汪精卫，表示工作中有矛盾，称“十日内如无进步，则无论如何，将去而返沪”。孙中山得悉后于 21 日复电时，同样引用上述一段话以示激励，并在信末意味深长地讲到，十多年来，今天才是绝好的机会，我们应当要分头去奋斗，一时也不能停息，这样才不辜负牺牲的先烈和国人的期望。

天下之事，莫不成于艰难困苦之后，但能打过此关，则前途必日顺利。

《复曹俊甫王子中函》（1919 年 10 月），《孙中山全集》第 5 卷第 158 页。

这句话的意思是说，天下的事情，没有不是经过艰难困苦之后才能取得成功的，如果能够渡过这些困难，那么前途一定光明顺利。

这是孙中山于 1919 年 10 月在上海期间致曹俊甫、王子中函中所说的勉励的话。曹俊甫、王子中是陕西的革命党人，此前曾致函孙中山，希望能得到经济上的援助。

1919 年 10 月，孙中山改组中华革命党为中国国民党，任总理。图为中国国民党党本部印文

孙中山在回信中首先肯定了二人的辛苦，认为陕西局势事关重要，曹、王两人义利分明，能够在困难的局势下坚持不懈，勇气可嘉，随后说出上述一番话。

这封信并不长，在结尾

时孙中山说明，关于筹款接济的事，他会尽力想办法。但是自己的经济状况也很窘迫，暂时无能为力，爱莫能助。将来政局如有转机，再想办法相助。

凡天下事必须同德同心，不问其结果之若何，一致进行，不屈不挠，方可成功。

《在宴请海军滇军官佐会上的讲话》（1918 年 1 月 20 日），《孙中山全集》第 4 卷第 304 页。

这句话的意思是说，天下的事情不要管它的结果如何，大家必须同心同德去共同努力，不屈不挠，才能够取得成功。

1918 年 1 月 20 日，孙中山在广州宴请海军、滇军官佐并发表讲话，中间说到上述一番话。

孙中山在讲话中着重强调海军和滇军在护法斗争中的重要地位和作用，对伍廷芳出任外交部长表示欢欣。席上，滇军将领方声涛对军政府成立以来，未能尽力相助表示忏悔，徐绍桢、蓝天蔚均表示要接受孙中山领导，实现军政统一。

1918 年元旦孙中山与护法军政府官员合影

己立立人，己达达人。

《与门司新闻记者的谈话》（1924 年 12 月 1 日），《孙中山全集》第 11 卷第 433 页。

这句话的意思是：自己能自立，也要使别人能够自立；自己能通达，也要使别人能够通达。出自《论语·雍也》，原文为，“夫仁者，己欲立而立人，己欲达而达人。”含义是说人要有推己及人的可贵精神。

1924 年 12 月 4 日，孙中山自神户乘船抵天津与宋庆龄等在船上留影

1924 年 11 月 13 日孙中山离粤经上海绕道日本赴北京，12 月 1 日抵达日本门司（日本北九州市的一个区），回答来访的日本记者提出的问题。

孙中山在谈话中首先对日本朝野人士的欢迎表示感谢，强调“己立立人，己达达人”，希望日本予中国以同情，能援助中国，废除中国同外国所立的一些不平等条约。

对于是否出任总统，孙中山表示，他的态度是决计推辞不就，中国一日没有完全独立，他便一日不情愿做总统。

关于中国南北统一的问题，孙中山强调，这个关键也是在不平等的条约，如果北方有胆量，能够赞成南方的主张，废除那些不平等的条约，于中国前途有大利益，南北才可以调和。

在具体谈到废除不平等条约问题时，孙中山指出所有中国同外国所订立的一切不平等条约都是要改良，包括日本同中国订立的“二十一条”以及如海关、租界和治外法权的那些条约，只要是对中国有害的便要废除。

努力前程。

原载1923年《复旦年刊》。

1923年2月从广州回上海的孙中山，应复旦大学同学之邀，欣然在《复旦年刊》上题写了“努力前程”四个字，它既是孙中山对复旦学子的殷切希望，又是对复旦大学事业发达的热忱肯定。

孙中山题词

孙中山与复旦大学渊源颇深。

在辛亥革命中，因光复军司令部占用了位于吴淞的复旦校园，学校被迫迁至无锡办学。后因政局更迭，经费无着，师生流离，学校一度散架。民初，复旦同学纷纷找到临时政府交通部代部长于右任，要求尽快复校。1912 年初，于右任与邵力子等面见临时大总统孙中山，递交一份请拨徐家汇李公祠为复旦校舍的呈条。孙中山不仅同意了他们的要求，还拨出一万银元，作为复校经费。这一年，复旦成立首届校董会，孙中山被邀为校董。

1919 年 5 月 6 日清晨，当北京五四运动的消息传到复旦，学校师生积极响应。26 日，孙中山派代表约见了市学联会长复旦学生何葆仁，转达了孙中山的意见：你们这种爱国行动很好，要唤起民众，与各界联合起来。得知学生们进入租界游行受阻，孙中山以自己的名望，请了一批英法等国的律师，作为学生行动的后盾。6 月 2 日，

今复旦大学校门

孙中山在寓所接见了学生代表何葆仁和朱承洵，热情赞扬了上海学生反帝爱国、团结斗争的精神。

这年10月，孙中山应复旦校长李登辉之邀，作了题为《救国之急务》的演讲，高度评价了五四运动在非常短的时间内，收到了很大的效果，鼓励大家团结起来，使国家变得更加强大。

我们做事，要在人前，不要落人后。

《在东京〈民报〉创刊周年庆祝大会的演说》（1906 年 12 月 2 日），《孙中山全集》第 1 卷第 329 页。

这是孙中山早年对日本中国留学生的勉励之语，希望他们做事要敢为人先，不为人后。

同盟会机关报《民报》

1905年10月，同盟会的机关报《民报》创刊后，大力宣传三民主义，与保皇派的《新民丛报》展开论战。为庆祝《民报》创刊周年及所取得的成绩，革命派于1906年12月2日日本东京举行大会。大会由黄兴主持，章炳麟致祝词，孙中山发表演说，解释三民主义的内涵，论说三民主义与中国前途的关系。演说词刊载于《民报》第10号。

关于民族主义，孙中山明确指出，并非是遇着不同族的人，便要排斥他，是不允许不同族的人来剥夺我民族的政权。同时，驳斥所谓民族革命是要尽灭满洲民族的谬论，指出我们并不是恨满洲人，是恨害汉人的满洲人。

关于民权主义，孙中山强调这是政治革命的根本。要推翻满洲政府，不做政治革命是断断不行的，政治革命的最终结果就是建立民主立宪政体。并阐明民权主义与民族主义的关系，指出二者是一件事情的两个方面，从驱除满人那一面说是民族革命，从颠覆君主政体那一面说是政治革命，并不是把来分作两次去做。

关于民生主义，孙中山认为尽管不像民族、民权两问题是燃眉之急，然而在实行民族，政治革命的时候必须同时想法子改良社会经济组织，进行社会革命。并强调，解决民生主义是革命党人最大的责任。其解决办法就是“定地价的法”，将地价的增长收归国有。如此，中国便可避免欧美各国出现的问题，成为地球上最富的国家。在讲解民生主义的时候，孙中山讲到：“我们做事，要在人前，不要落人后。”

孙中山得出结论是，革命的目的是实现三民主义，为众生谋幸福，因不愿少数满洲人专利，所以要民族革命；不愿君主一人专利，所以要政治革命；不愿少数富人专利，所以要社会革命。

不能奋斗，即不能生存；奋斗无目的，亦不能成。

《复吴醒汉电》（1919 年 12 月），《孙中山全集》第 5 卷第 183 页。

这句话的大意是，人只有不断奋斗才能够得以生存，如果奋斗没有目的，那便不能最后取得成功。这是孙中山于 1919 年 12 月于上海期间，就如何治理军队致吴醒汉函电中所讲到的一句话，鼓励吴醒汉与湘西联络讨伐桂系。

吴醒汉

吴醒汉（1883—1938），湖北黄陂人。一名基培，字厚斋。陆军特别小学堂和将校讲习所参谋班毕业后，参加共进会。在湖北先后代理过军备司长、都督府参谋长等职。被袁世凯政府授以陆军中将，勋四位。1913 年参与密谋反袁革命，事败逃赴日本，加入中华革命党。1915 年奉孙中山之命在武汉起兵反袁，任参谋长。1917 年后，赴粤任海陆军大元帅府参军，曾任靖国军第一军第三师师长，第一军总司令，右翼指挥官，奉命与蔡济民回鄂运动荆襄各军独立。

1921年孙中山北伐，吴醒汉任鄂军总司令，回湖北策应北伐。1923年由唐继尧任命为第九军总司令兼湖北宣抚使。1928年为国民党党史编纂委员会编纂。1938年在家乡去世。

修身岂为名传世，作事惟思利及人。

《题联》（1919 年），刘望龄辑注《孙中山题词遗墨汇编》第 243 页。

这副对联是孙中山于 1919 年题赠友人的，具体受赠人不详。上联是反问语气，意思是说，提高道德修养难道是为了传名于后世？下联说做事得随时随地考虑他人的利益。修身行事如果排除了个人名利的目的，那么，他的品德修养自然可以达到较高的境界。

孙中山题写的对联

正心、修身、齐家、治国、平天下，这是儒家思想传统中知识分子尊崇的信条。以自我完善为基础，通过治理家庭，直到平定天下，是几千年来无数知识分子追求的最高理想。

该联出自《礼记·大学》，原文是：“古之欲明明德于天下者，先治其

国；欲治其国者，先齐其家；欲齐其家者，先修其身；欲修其身者，先正其心……心正而后身修，身修而后家齐，家齐而后国治，国治而后天下平。”大意是说：古代那些要使美德彰明于天下的人，要先治理好他的国家；要治理好国家的人，要先整顿好自己的家；要整顿好家的人，要先进行自我修养；要进行自我修养的人，要先端正他的思想……思想端正了，然后自我修养完善；自我修养完善了，然后家庭整顿有序；家庭整顿好了，然后国家安定繁荣；国家安定繁荣了，然后天下平定。

养成乐死之志气，革去贪生之性根。

《为邓演达题联》（1923 年夏），刘望龄编注《孙中山题词遗墨汇编》第 286 页。

这是邓演达拱卫广州大元帅府时，孙中山亲笔题赠，并授予少将参军职务。题词中择生的“择”字误为“泽”。这句话的意思是说，人要革掉贪生怕死的劣根性，而养成乐观敢死的大志气。这是孙中山对部属的激励之语。

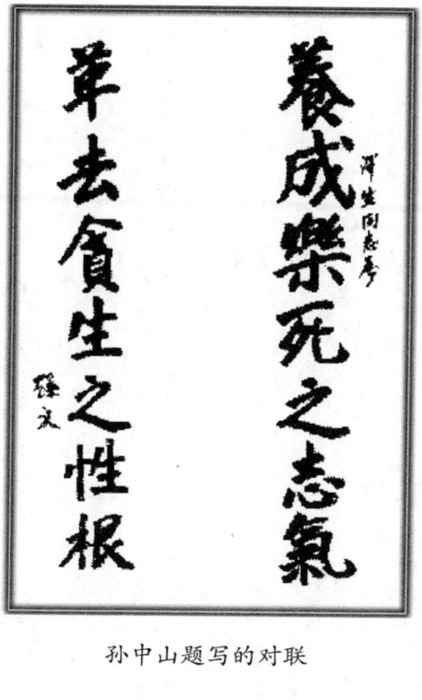

孙中山题写的对联

邓演达

邓演达（1895—1931），字择生。广东归善（今惠阳）人。先后就读于广东陆军小学、陆军速成中学、武昌陆军第二预备学校和保定军官学校。1920 年以后，历任护法军政府粤军第一师参谋兼步兵独立营营长、团长，参与讨伐沈鸿英、陈炯明。1923 年夏负责大元帅府大本营警卫工作。1924 年任黄埔军校教练部主任，次年任教育长。孙中山逝世后，积极维护孙中山的革命主张。1926 年当选国民党候补中央执行委员、中央政治局委员、中央农民部部长。1927 年在苏联与宋庆龄联名发表反蒋宣言。1930 年发起组织中国国民党临时行动委员会，主张建立以农工为中心的“平民政权”，组织黄埔革命同学会，策动武装反蒋。1931 年在南京被国民党当局秘密杀害。

事功者一时之荣，志节者万世之业。

《复于右任等电》(1918 年 9 月 15 日)，《孙中山全集》第 4 卷第 502 页。

于右任

这句话的意思是说，事功对一个人来说只是一时的荣誉，而志节才是千秋的功业。

为统一事权，陕西各路民军胡景翼、曹世英、郭坚、卢占魁、樊钟秀、高峻等，派遣王玉堂前往上海迎接于右任，于 1918 年 8 月 8 日推于右任为陕西靖国军总司令，张钫为副司令，设总部于陕西三原，并将此事电告孙中山。

孙中山听到消息后非常振奋，于当日复电给于右任等人，称“事功者一时之荣，志节者万世之业”，并讲到，我知道大家向来身怀大志，今天更相信大家会干出一番大事业来。

志在冲天。

《为航空局题词》（1923 年 8 月 9 日），《孙中山题词遗墨汇编》第 287 页。

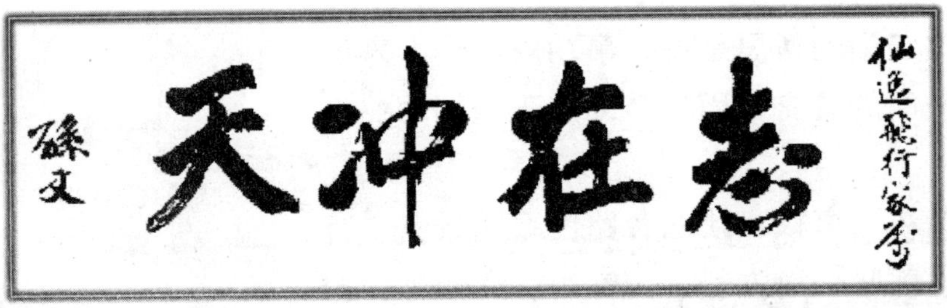

孙中山题词

“志在冲天”，是孙中山于 1923 年 8 月 9 日视察位于广州大沙头航空局时为杨仙逸题的词，以嘉奖杨氏在航天事业上所作出的杰出贡献。

杨仙逸（1891—1923），原籍广东香山（今中山），1891 年出生于美国夏威夷。1909 年开始在美国就读大学期间，因为十分赞同孙中山的“航空救国”主张，专门选择航空专业学习。1918 年他在夏威夷创办“图强飞机公司”。同年受孙中山电召回国，共商国是。他

孙中山题词

担任“援闽粤军飞机队”总指挥，率飞机队轰炸叛军莫荣新部，为打败莫荣新部立下了卓越功劳。之后他去日本、美国等地向华侨募捐，他的父亲也捐出大量资金，购回飞机十二架，组建了我国第一支空军队伍。

1923 年 3 月，孙中山在广州成立大元帅府，杨仙逸担任航空局局长，接着他又创办广东飞机制造厂，并任厂长，制成中国自行设计生产的以“乐士文”（宋庆龄的英文名 Rosamonde）命名的第一架军用飞机，孙中山视察航空局时，同时写有“航空救国”和“志在冲天”两幅题词赠送。

杨仙逸

1923 年 9 月，陈炯明在惠州发动叛乱。孙中山派大军讨伐，杨仙逸参与作战，在博罗梅湖白沙堆前线，杨仙逸建议从水路进攻。在检查水雷时，水雷突然爆炸，杨仙逸壮烈牺牲。孙中山闻讯后十分痛惜，下抚恤令，并追认他为陆军中将，决定对他厚葬。杨仙逸遗体葬于广州黄花岗的东面，墓碑是孙中山手书的“杨仙逸先生之墓”七个大字，墓道拱门上放着一飞机模型，象征烈士生平事业和冲天壮志。孙中山誉其为“中国航空之父”。1927 年，广东省政府重修烈士墓。1979 年广东省市有关部门又按照原貌修复。

1923 年 8 月 9 日孙中山携宋庆龄视察广州大沙头航空局时在飞机前合影

参考书目

陈锡祺：《孙中山年谱长编》，中华书局 1992 年版。

段云章：《孙文与日本史事编年》，广东人民出版社 1996 年版。

广东省地方史志编纂委员会：《广东省志·孙中山志》，广东人民出版社 2004 年版。

广东省社会科学院历史研究室等编：《纪念孙中山先生》，文物出版社 1981 年版。

广东省社会科学院历史研究所等合编：《孙中山全集》，1 ~ 11 卷，中华书局 1981—1986 年版。

广东省哲学社会科学研究所历史研究室等编：《孙中山年谱》，中华书局 1980 年版。

广东省中山图书馆：《辛亥革命在广东》，广东教育出版社 2001 年版。

胡波：《孙中山言粹》，中国大百科全书出版社 2000 年版。

黄季陆：《研究中山先生的史料与史学》，中华民国史料研究中心 1975 年版。

黄彦：《孙文选集》，广东人民出版社 2006 年版。

黄彦、李伯新：《孙中山藏档选编（辛亥革命前后）》，中华书局1986年版。

黄彦、萧润君：《孙中山著作丛书》，广东人民出版社2008—2010年版。

李联海：《孙中山轶事》，广东人民出版社1985年版。

李吉奎：《孙中山与日本》，广东人民出版社1996年版。

李晔、杜凡一：《孙中山名言录》，吉林教育出版社1991年版。

刘大年：《孙中山书信手迹选》，文物出版社1986年版。

刘望龄：《孙中山题词遗墨汇编》，华中师范大学出版社2000年版。

刘真：《中山先生嘉言录》，台湾书店2002年版。

陆达节：《孙中山先生逸语》，江西省三民主义文化运动委员会1941年版。

秦孝仪：《国父思想学说精义录》，中央文物供应社1976年版。

秦孝仪：《国父全集》，1—12册，近代中国出版社1989年版。

尚明轩：《孙中山生平事业追忆录》，人民出版社1986年版。

孙中山故居纪念馆：《中国民主革命的伟大先驱——孙中山》，中国大百科全书出版社2001年版。

《孙中山箴言》编辑组：《孙中山箴言》，华夏出版社2010年版。

王耿雄：《孙中山集外集》，上海人民出版社1990年版。

一苇：《国父语录》，自学出版社1943年版。

余齐昭：《孙中山文史图片考释》（修订版），广东人民出版社2009年版。

张笃勤：《孙中山读书生涯》，长江文艺出版社2000年版。

张磊：《孙中山辞典》，广东人民出版社1994年版。

张磊：《孙中山与宋庆龄》，广东人民出版社1997年版。

中国人民政治协商会议全国委员会等合编：《孙中山三次在广东建立政权》，中国文史出版社1986年版。

后　　记

全书编撰从前人的研究成果中获益不少，囿于体例，未能一一注出，特此说明，并表谢忱。

查阅资料的单位有广东省社会科学院图书馆、广东省立中山图书馆、中山大学图书馆、中山大学历史系资料室等。作者还利用了中国知网、读秀、超星、中美百万数据库、中国国家图书馆民国图书网等电子资源。

感谢广东人民出版社金炳亮社长、钟永宁副社长的信任，及该社政治读物编辑室曾玉寒、黎捷两位女士为本书付出的辛劳。

作　者

2011 年 9 月